Gröls Verlage

„Bücher sind wie Fallschirme. Sie nützen uns nichts, wenn wir sie nicht öffnen."

Gröls Verlag

Redaktionelle Hinweise und Impressum

Das vorliegende Werk wurde zugunsten der Authentizität sehr zurückhaltend bearbeitet. So wurden etwa ursprüngliche Rechtschreibfehler *nicht* systematisch behoben, denn kleine Unvollkommenheiten machen das Buch – wie im Übrigen den Menschen – erst authentisch. Mitunter wurden jedoch zum Beispiel Absätze behutsam neu getrennt, um den Lesefluss zu erleichtern.

Um die Texte zu rekonstruieren, werden antiquarische Bücher von Lesegeräten gescannt und dann durch eine Software lesbar gemacht. Der so entstandene Text wird von Menschen gegengelesen und korrigiert – hierbei treten auch Fehler auf. Wenn Sie ebenfalls antiquarische Texte einreichen möchten, finden Sie weitere Informationen auf www.groels.de

Viel Freude bei der Lektüre wünscht Ihnen das Team des Gröls-Verlags.

Adressen

Verleger: Sophia Gröls, Im Borngrund 26, 61440 Oberursel

Externer Dienstleister für Distribution & Herstellung: BoD, In de Tarpen 42, 22848 Norderstedt

Unsere „Edition | Werke der Weltliteratur“ hat den Anspruch, eine der größten und vollständigsten Sammlungen klassischer Literatur in deutscher Sprache zu sein. Nach und nach versammeln wir hier nicht nur die „üblichen Verdächtigen“ von Goethe bis Schiller, sondern auch Kleinode der vergangenen Jahrhunderte, die – zu Unrecht – drohen, in Vergessenheit zu geraten. Wir kultivieren und kuratieren damit einen der wertvollsten Bereiche der abendländischen Kultur. Kleine Auswahl:

Francis Bacon • Neues Organon • **Balzac** • Glanz und Elend der Kurtisanen • **Joachim H. Campe** • Robinson der Jüngere • **Dante Alighieri** • Die Göttliche Komödie • **Daniel Defoe** • Robinson Crusoe • **Charles Dickens** • Oliver Twist • **Denis Diderot** • Jacques der Fatalist • **Fjodor Dostojewski** • Schuld und Sühne • **Arthur Conan Doyle** • Der Hund von Baskerville • **Marie von Ebner-Eschenbach** • Das Gemeindekind • **Elisabeth von Österreich** • Das Poetische Tagebuch • **Friedrich Engels** • Die Lage der arbeitenden Klasse • **Ludwig Feuerbach** • Das Wesen des Christentums • **Johann G. Fichte** • Reden an die deutsche Nation • **Fitzgerald** • Zärtlich ist die Nacht • **Flaubert** • Madame Bovary • **Gorch Fock** • Seefahrt ist not! • **Theodor Fontane** • Effi Briest • **Robert Musil** • Über die Dummheit • **Edgar Wallace** • Der Frosch mit der Maske • **Jakob Wassermann** • Der Fall Maurizius • **Oscar Wilde** • Das Bildnis des Dorian Grey • **Émile Zola** • Germinal • **Stefan Zweig** • Schachnovelle • **Hugo von Hofmannsthal** • Der Tor und der Tod • **Anton Tschechow** • Ein Heiratsantrag • **Arthur Schnitzler** • Reigen • **Friedrich Schiller** • Kabale und Liebe • **Nicolo Machiavelli** • Der Fürst • **Gotthold E. Lessing** • Nathan der Weise • **Augustinus** • Die Bekenntnisse des heiligen Augustinus • **Marcus Aurelius** • Selbstbetrachtungen • **Charles Baudelaire** • Die Blumen des Bösen • **Harriett Stowe** • Onkel Toms Hütte • **Walter Benjamin** • Deutsche Menschen • **Hugo Bettauer** • Die Stadt ohne Juden • **Lewis Caroll** • *und viele mehr….*

Jean Jaques Rousseau

Der Gesellschaftsvertrag

oder

Die Grundsätze des Staatsrechtes

Inhalt

Vorrede 8

Erstes Buch 8

- 1. Kapitel 9
- 2. Kapitel 9
- 3. Kapitel 11
- 4. Kapitel 12
- 5. Kapitel 16
- 6. Kapitel 17
- 7. Kapitel 19
- 8. Kapitel 21
- 9. Kapitel 22

Zweites Buch 25

- 1. Kapitel 25
- 2. Kapitel 26
- 3. Kapitel 28
- 4. Kapitel 29

5. Kapitel 32
6. Kapitel 34
7. Kapitel 37
8. Kapitel 41
9. Kapitel 42
10. Kapitel 45
11. Kapitel 47
12. Kapitel 49
Drittes Buch 50
1. Kapitel 50
2. Kapitel 55
3. Kapitel 58
4. Kapitel 59
5. Kapitel 61
6. Kapitel 63
7. Kapitel 68
8. Kapitel 69
9. Kapitel 74
10. Kapitel 76
11. Kapitel 79
12. Kapitel 80
13. Kapitel 81
16. Kapitel 86
18. Kapitel 89
Viertes Buch 91

1. Kapitel 91
2. Kapitel 93
3. Kapitel 95
4. Kapitel 97
5. Kapitel 107
6. Kapitel 108
7. Kapitel 111
8. Kapitel 113
9. Kapitel 122

Vorrede

Diese kleine Abhandlung ist einem größeren Werke entnommen, welches ich einst ohne Rücksicht darauf, ob meine Kräfte dazu ausreichen würden, begonnen und schon längst hatte liegen lassen. Von verschiedenen Auszügen aus dem vollendeten Teile dieser Arbeit ist vorliegender der wichtigste und scheint mir am wenigsten unwert, dem Lesepublikum vorgelegt zu werden. Der Rest ist bereits vernichtet.

Erstes Buch

Ich beabsichtige zu untersuchen, ob es in der bürgerlichen Verfassung irgendeinen gerechten und sicheren Grundsatz der Staatsverwaltung geben kann, wenn man die Menschen nimmt, wie sie sind, und die Gesetze, wie sie sein können. Bei dieser Untersuchung werde ich mich bemühen, stets das, was das Recht zuläßt, mit dem zu vereinen, was das allgemeine Beste vorschreibt, damit Gerechtigkeit und Nutzen nicht getrennt werden.

Ich dringe in die Materie ein, ohne erst die Wichtigkeit meines Gegenstandes zu beweisen. Man wird mich fragen, ob ich Fürst oder Gesetzgeber sei, um berechtigt zu sein, über Politik zu schreiben. Ich antworte nein und schreibe gerade deshalb über Politik. Wäre ich Fürst oder Gesetzgeber, so würde ich nicht meine Zeit damit vergeuden, zu sagen, was man tun muß; ich würde es tun oder schweigen.

Einen wie geringen Einfluß auch die Stimme eines einfachen Bürgers, wie ich bin, der in einem freien Staate geboren ist und durch das allgemeine Stimmrecht Anteil an der Staatsgewalt hat, auf die öffentlichen Angelegenheiten haben mag, so genügt doch schon das bloße Recht, darüber abzustimmen, um mir die Pflicht aufzulegen, mich über sie zu unterrichten. So oft ich über die Regierungen nachdenke, fühle ich mich glücklich, daß ich in meinen Forschungen stets neue Gründe finde, diejenige meines Vaterlandes zu lieben.

1. Kapitel

Inhalt des ersten Buches

Der Mensch wird frei geboren, und überall ist er in Ketten. Mancher hält sich für den Herrn seiner Mitmenschen und ist trotzdem mehr Sklave als sie. Wie hat sich diese Umwandlung zugetragen? Ich weiß es nicht. Was kann ihr Rechtmäßigkeit verleihen? Diese Frage glaube ich beantworten zu können.

Würde ich nur auf die Gewalt und die Wirkungen, die sie hervorbringt, Rücksicht nehmen, so würde ich sagen: solange ein Volk gezwungen wird zu gehorchen, so tut es wohl, wenn es gehorcht; sobald es sein Joch abzuschütteln imstande ist, so tut es noch besser, wenn es dasselbe von sich wirft, denn sobald es seine Freiheit durch dasselbe Recht wiedererlangt, das sie ihm geraubt hat, so ist es entweder befugt, sie wieder zurückzunehmen, oder man hat sie ihm unbefugterweise entrissen. Allein die gesellschaftliche Ordnung ist ein geheiligtes Recht, das die Grundlage aller übrigen bildet. Dieses Recht entspringt jedoch keineswegs aus der Natur; es beruht folglich auf Verträgen. Deshalb kommt es darauf an, die Beschaffenheit dieser Verträge kennenzulernen. Ehe ich dazu komme, ist es meine Pflicht, die eben aufgestellten Behauptungen zu begründen.

2. Kapitel

Erste gesellschaftliche Vereinigungen

Die älteste und einzig natürliche Form aller Gesellschaften ist die Familie; obgleich die Kinder nur solange mit dem Vater verbunden bleiben, wie sie seiner zu ihrer Erhaltung bedürfen. Sobald dieses Bedürfnis aufhört, löst sich das natürliche Band. Von dem Gehorsam befreit, den die Kinder dem Vater schuldig sind, und der Sorgfalt überhoben, zu der der Vater den Kindern gegenüber verpflichtet ist, kehren alle in gleicher Weise zur Unabhängigkeit zurück. Bleiben sie weiter in Verbindung, so ist das kein natürlicher Zustand mehr, sondern ein freiwilliges Übereinkommen; die Familie an sich hat nur durch Übereinkunft Bestand.

Diese gemeinsame Freiheit ist eine Folge der Natur des Menschen. Sein erstes Gesetz muß es sein, über seine eigene Erhaltung zu wachen; seine Hauptsorgen sind die, die er sich selbst schuldig ist, und sobald er zu dem Alter der Vernunft gekommen, ist er allein Richter über die zu seiner Erhaltung geeigneten Mittel und wird dadurch sein eigener Herr.

Demnach ist die Familie, wenn man will, das erste Muster der politischen Gesellschaften. Der Herrscher ist das Abbild des Vaters, das Volk ist das Abbild der Kinder, und da alle gleich und frei geboren sind, veräußern sie ihre Freiheit nur um ihres Nutzens willen. Der ganze Unterschied besteht darin, daß in der Familie die Vaterliebe die Sorgenlast vergilt, die ihm die Kinder auferlegen, während im Staate die Lust zu befehlen die Liebe ersetzt, die der Herrscher für sein Volk nicht empfindet.

Grotius leugnet, daß jede menschliche Macht zugunsten der Regierten eingesetzt sei: zum Beweise beruft er sich auf die Sklaverei. In seiner bekannten Schlußweise begründet er das Recht auf das tatsächliche Gelten desselben. Man würde wohl eine folgerichtigere Lehre aufstellen können, aber keine, die den Gewaltherrschern günstiger wäre.

Nach Grotius ist es demnach zweifelhaft, ob das Menschengeschlecht etwa hundert einzelnen Menschen als Eigentum gehört, oder ob diese hundert dem Menschengeschlechte angehören, und in seinem ganzen Werke scheint er sich zu der ersten Ansicht hinzuneigen. Dies ist auch die Meinung von Hobbes. So ist also das menschliche Geschlecht wie Vieh in Herden abgeteilt, deren jede ihren Herrn hat, der sie beschützt, um sie zu verschlingen.

Wie ein Hirt von einer höheren Natur ist als seine Herde, so sind auch die Hirten der Menschen, ihre Herren, von einer höheren Natur als ihre Völker. So schloß, wie Philo berichtet, der Kaiser Caligula, indem er nach dieser Analogie ziemlich richtig folgerte, daß die Könige Götter oder die Völker Tiere wären.

Diese Schlußfolgerung Caligulas stimmt mit den von Hobbes und Grotius aufgestellten Lehren vollkommen überein. Schon vor ihnen allen hatte Aristoteles ebenfalls behauptet, daß die Menschen von Natur keineswegs gleich wären, sondern die einen zur Sklaverei und die anderen zur Herrschaft geboren würden.

Aristoteles hatte recht, aber er hielt die Wirkung für die Ursache. Jeder in der Sklaverei geborene Mensch wird für die Sklaverei geboren; nichts ist gewisser. Die Sklaven verlieren in ihren Fesseln alles, sogar den Wunsch, sie abzuwerfen, sie lieben ihre Knechtschaft, wie die Gefährten des Odysseus ihren tierischen Zustand nach ihrer Verwandlung liebten. Wenn es also Sklaven von Natur gibt, so liegt der Grund darin, daß es schon vorher Sklaven wider die Natur gegeben hat. Die Gewalt hat die ersten Sklaven gemacht; ihre Feigheit hat sie beständig erhalten.

Ich habe nichts vom Könige Adam noch vom Kaiser Noah, dem Vater der drei großen Monarchen gesagt, die gleich den Kindern des Saturn, die man in ihnen hat wiedererkennen wollen, die Welt unter sich teilten. Ich hoffe, daß man mir für dieses Maßhalten dankbar sein wird; denn da ich von einem dieser Fürsten und vielleicht von dem ältesten Zweige in gerader Linie abstamme, so kann ich ja nicht wissen, ob ich mich nicht durch den Nachweis der Richtigkeit meiner Rechtsansprüche als das rechtmäßige Oberhaupt des menschlichen Geschlechtes enthüllen würde? Wie dem auch sein möge, so kann man doch nicht leugnen, daß Adam Beherrscher der Welt gewesen ist, wie Robinson Beherrscher seiner Insel, solange er ihr einziger Bewohner war, und das Angenehmste bei dieser Herrschaft lag darin, daß der Monarch auf seinem Throne sicher war und weder Aufstand, noch Kriege, noch Empörer zu fürchten hatte.

3. Kapitel

Vom Recht des Stärkeren

Der Stärkste ist nie stark genug, um immerdar Herr zu bleiben, wenn er seine Stärke nicht in Recht und den Gehorsam nicht in Pflicht verwandelt. Daher entspringt das Recht des Stärksten, ein Recht, das scheinbar ironisch aufgefaßt und in der Tat doch als Prinzip anerkannt wird. Aber wird man uns dieses Wort denn nie erklären? Die Stärke ist ein physisches Vermögen; ich begreife nicht, welche sittliche Verpflichtung aus ihren Wirkungen hervorgehen kann. Der Stärke nachgeben ist eine Handlung der Notwendigkeit, nicht des Willens, höchstens eine Handlung der Klugheit. In welchem Sinne kann es eine Pflicht werden?

Lassen wir dieses angebliche Recht einen Augenblick gelten. Nach meiner Überzeugung ergibt sich daraus nur ein unlöslicher Wirrwarr von Begriffen, denn sobald die Stärke das Recht verleiht, so wird die Wirkung mit der Ursache verwechselt; jede Stärke, welche die erste übersteigt, ist die Erbin ihres Rechtes. Sobald man ungestraft nicht zu gehorchen braucht, besitzt man das Recht dazu, und da der Stärkste immer recht hat, handelt es sich nur darum, es so einzurichten, daß man der Stärkste ist. Was bedeutet nun aber ein Recht, das mit dem Aufhören der Stärke ungültig wird? Muß man aus Zwang gehorchen, so braucht man nicht aus Pflicht zu gehorchen, und wird man nicht mehr zum Gehorchen gezwungen, so ist man dazu auch nicht mehr verpflichtet. Man sieht also, daß das Wörtlein „Recht“ der Stärke nichts verleiht; es ist hier vollkommen bedeutungslos.

Gehorchet den Gewalthabern! Wenn dies bedeuten soll: gebet der Stärke, der Gewalt nach, so ist das Gebot gut, aber überflüssig; ich bürge dafür, daß es nie übertreten werden wird. Ich gebe zu, daß jede Gewalt von Gott kommt; aber auch jede Krankheit kommt von ihm; heißt das etwa, deshalb sei es verboten, den Arzt zu rufen? Wenn mich ein Räuber im Waldesdickicht überfällt, so muß ich mich der Gewalt fügen und ihm meine Börse geben; verpflichtet mich aber wohl mein Gewissen, sie zu geben, wenn ich imstande wäre, sie ihm vorzuenthalten? Die Pistole, die er mir vorhält, ist ja am Ende doch immer eine Gewalt.

Gestehen wir also, daß Stärke kein Recht gewährt, und daß man nur verpflichtet ist, der rechtmäßigen Gewalt Gehorsam zu leisten. So taucht meine erste Frage immer wieder von neuem auf.

4. Kapitel

Sklaverei

Da kein Mensch eine natürliche Gewalt über seinesgleichen hat, und da die Stärke kein Recht gewährt, so bleiben also die Verträge als die einzige Grundlage jeder rechtmäßigen Gewalt unter den Menschen übrig?

Wenn ein einzelner, sagt Grotius, seine Freiheit veräußert und sich zum Sklaven eines Herrn machen kann, weshalb sollte dann nicht auch ein ganzes Volk die seinige veräußern und sich einem Könige unterwerfen können? In diesem Satze kommen einige zweideutige Worte vor, die erst einer genauen Erklärung bedürfen. Halten wir uns aber zunächst an den Ausdruck „veräußern“. Veräußern heißt verschenken oder verkaufen. Ein Mensch, der sich zum Sklaven eines andern macht, verschenkt sich nun aber nicht, sondern verkauft sich wenigstens für seinen Unterhalt; wofür verkauft sich aber ein Volk? Weit davon entfernt, daß ein König jemals seinen Untertanen ihren Lebensunterhalt gewähren würde, bezieht er den seinigen vielmehr nur von ihnen, und nach Rabelais' Versicherung lebt ein König nicht von wenigem. Verschenken denn die Untertanen ihre Person nur unter der Bedingung, daß man ihnen auch noch ihr

Vermögen nimmt? Ich begreife nicht, was ihnen dann noch zu bewahren übrigbleibt.

Man wird sagen, daß der Gewaltherrscher seinen Untertanen die bürgerliche Ruhe sichere; es mag sein, aber was gewinnen sie dabei, wenn die Kriege, in die sein Ehrgeiz sie verwickelt, wenn seine unersättliche Habgier, wenn die Bedrückungen seiner Minister sie mehr belasten, als ihre Zwistigkeiten es vermöchten? Was gewinnen sie dabei, wenn diese Ruhe selbst ein Glied in der langen Kette ihres Elends ist? Im Kerker lebt man auch ruhig; genügt das, um sich darin wohlzufühlen? Die in der Höhle des Zyklopen eingesperrten Griechen lebten, bis die Reihe verschlungen zu werden an sie kam, ebenfalls in tiefster Ruhe.

Die Behauptung, ein Mensch verschenke sich unentgeltlich, ist eine unbegreifliche Albernheit; eine solche Handlung ist schon um deswillen ungesetzlich und nichtig, weil derjenige, der sich zu ihr hergibt, nicht bei gesunder Vernunft ist. Wer dies einem ganzen Volke nachsagt, muß es für ein Volk von Verrückten halten: Verrücktheit verleiht kein Recht.

Sogar wenn ein jeder sich selbst veräußern könnte, kann er doch nicht seine Kinder veräußern; sie werden als Menschen und als Freie geboren; ihre Freiheit gehört ihnen, und sie allein besitzen das Recht, über dieselbe zu verfügen. Vor ihrem Eintritt in das Alter der Vernunft kann der Vater in ihrem Namen zum Zwecke ihrer Erhaltung und ihres Wohlbefindens Bestimmungen treffen, sie aber nicht unwiderruflich und bedingungslos verschenken, denn eine solche Verschenkung läuft den Zwecken der Natur zuwider und überschreitet die väterlichen Rechte. Damit eine willkürliche Regierung rechtmäßig wäre, müßte deshalb das Volk nach jedem Menschenalter immer wieder das Recht besitzen, sie anzunehmen oder verwerfen zu können; aber dann würde diese Regierung nicht mehr willkürlich sein.

Auf seine Freiheit verzichten, heißt auf seine Menschheit, die Menschenrechte, ja selbst auf seine Pflichten verzichten. Wer auf alles verzichtet, für den ist keine Entschädigung möglich. Eine solche Entsagung ist mit der Natur des Menschen unvereinbar, und man entzieht, wenn man seinem Willen alle Freiheit nimmt, seinen Handlungen allen sittlichen Wert. Kurz, es ist ein nichtiger und mit sich selbst in Widerspruch stehender Vertrag, auf der einen Seite eine unumschränkte Macht und auf der andern einen schrankenlosen Gehorsam festzusetzen. Ist es nicht klar, daß man gegen den, von welchem man das Recht hat, alles zu verlangen, zu nichts verpflichtet ist? Zieht diese einzige Bedingung ohne Entschädigung, ohne Gegenleistung nicht die Nichtigkeit des Übereinkommens nach sich? Denn welches Recht könnte mein Sklave gegen mich geltend machen, da alles, was er besitzt, mir gehört, und dadurch, daß sein Recht das meinige ist, dieses mein Recht wider mich selbst ein Wort ist, das keinen Sinn hat.

Grotius und andere folgerten aus dem Kriege eine andere Quelle des angeblichen Rechtes der Sklaverei. Da nach ihnen der Sieger das Recht besitze, den Besiegten zu töten, dürfte letzterer sein Leben auf Kosten seiner Freiheit erkaufen, ein Vertrag, der um so rechtmäßiger sei, da er beiden Vorteil bringe.

Aber es liegt auf der Hand, daß dieses vermeintliche Recht, die Besiegten zu töten, in keinerlei Weise aus dem Kriegsstande hervorgeht. Schon aus dem einzigen Grunde, daß die Menschen, solange sie in ihrer ursprünglichen Unabhängigkeit leben, unter sich in keiner Beziehung stehen, die von derartiger Dauer ist, weder den Friedens- noch den Kriegszustand herbeizuführen, sind sie von Natur nicht Feinde. Das Verhältnis der Dinge und nicht das der Menschen zueinander ruft den Krieg hervor; und da der Kriegsstand nicht aus einfachen persönlichen Beziehungen, sondern lediglich aus sachlichen Beziehungen entstehen kann, so ist weder im Naturzustand, in dem es kein beständiges Eigentum gibt, noch im Gesellschaftszustand, in dem alles unter der Gewalt der Gesetze steht, der Privatkrieg oder der Kampf von Mann gegen Mann möglich.

Privatkämpfe, Duelle, zufällig herbeigeführte Zweikämpfe sind Handlungen, die keinen besonderen Zustand begründen, und was die durch die Einrichtungen König Ludwigs IX. von Frankreich gestatteten und durch den Gottesfrieden aufgehobenen Privatfehden anlangt, so sind es Mißbräuche der Feudalregierung, des sinnlosesten Systems, das es je gegeben hat und das den Grundsätzen des Naturrechts und einer jeden gesunden Politik völlig widerspricht.

Der Krieg ist demnach kein Verhältnis eines Menschen zum andern, sondern das Verhältnis eines Staates zum andern, bei dem die einzelnen nur zufällig Feinde sind, und zwar nicht als Menschen, ja nicht einmal als Bürger, sondern als Soldaten, nicht als Glieder des Vaterlandes, sondern als seine Verteidiger. Kurz, jeder Staat kann nur andere Staaten zu Feinden haben und nicht Menschen, da man zwischen Dingen von verschiedener Natur kein wirkliches Verhältnis zueinander nachweisen kann.

Dieses Prinzip ist denn auch mit den eingeführten Grundsätzen aller Zeiten und mit der unwandelbaren Handlungsweise aller gesitteten Völker in vollem Einklang. Die Kriegserklärungen sind Kampfansagen, die weniger an die Mächte, als an die Untertanen gerichtet sind. Der Fremde, der, ob er nun König, Privatmann oder ein ganzes Volk sei, ohne vorher ergangene Kriegserklärung an den Fürsten dessen Untertanen beraubt, tötet oder gefangenhält, ist nicht ein Feind, sondern ein Räuber. Sogar mitten im Kriege bemächtigt sich ein gerechter Fürst im Feindeslande wohl alles Staatseigentums, aber er verschont die Person und das Vermögen der einzelnen, er achtet Rechte, auf die die seinigen gegründet sind. Da der Zweck des Krieges die Vernichtung des feindlichen Staates ist, so hat man das Recht, die Verteidiger desselben zu töten, solange sie die Waffen in der Hand haben; sobald sie sie jedoch niederlegen und sich ergeben, so werden sie, weil sie aufhören Feinde oder Werkzeuge des Feindes zu sein, wieder nur Menschen, und man hat kein Recht mehr auf ihr Leben. Mitunter kann man den Staat vernichten, ohne ein einziges seiner Glieder zu töten, denn der Krieg verleiht nur das zur Herbeiführung seines Zweckes notwendige Recht. Diese Grundsätze teilt Grotius nicht; sie sind nicht auf die Überredungskraft der Dichter gegründet, sondern entspringen aus der Natur der Dinge und sind auf die Vernunft gegründet.

Was nun das Eroberungsrecht anlangt, so hat es keine andere Begründung als das Gesetz des Stärkeren. Wenn der Krieg dem Sieger nicht das Recht einräumt, die besiegten Völker niederzumetzeln, so kann ihm dieses Recht, das er nicht besitzt, auch nicht das Recht gewähren, sie zu unterjochen. Nur dann hat man das Recht, den Feind zu töten, wenn man ihn nicht zum Sklaven machen kann; das Recht, ihn zum Sklaven zu machen, geht also nicht aus dem Rechte, ihn zu töten, hervor; das ist doch ein unbilliger Tausch, ihn sein Leben, auf das man kein Recht hat, mit seiner Freiheit erkaufen zu lassen. Verfällt man dadurch, daß man das Recht über Leben und Tod auf das Recht der Sklaverei und das Recht der Sklaverei auf das Recht über Leben und Tod gründet, nicht augenscheinlich in einen Kreisschluß?

Selbst wenn man dieses schreckliche Recht, alles zu töten, als richtig gelten ließe, behaupte ich trotzdem, daß ein im Kriege zum Sklaven gemachter Mensch oder ein unterjochtes Volk gegen seinen Herrn keine andere Verpflichtung hat, als ihm so lange zu gehorchen, wie er dazu gezwungen ist. Da der Sieger für sein Leben einen entsprechenden Ersatz annahm, hat er es ihm nicht geschenkt; anstatt ihn ohne einen Gewinn für sich zu töten, hat er ihn in einer Weise unschädlich gemacht, die ihm Nutzen brachte. Also weit davon entfernt, über ihn ein mit der Gewalt verbundenes Recht gewonnen zu haben, besteht der Kriegszustand zwischen ihnen nach wie vor fort, selbst ihr Verhältnis ist eine Wirkung desselben, und die Ausübung des Kriegsrechts setzt keinen Friedensvertrag voraus. Sie haben ein Übereinkommen getroffen, das mag sein; aber statt dem Kriegsstande ein Ende zu machen, setzt dieses Übereinkommen gerade die Fortdauer desselben voraus.

Von welchem Gesichtspunkte man deshalb auch die Dinge betrachten möge, so ist das Recht der Sklaverei immer nichtig, nicht allein weil es ungesetzmäßig, sondern auch weil es sinnlos und bedeutungslos ist. Die Worte „Sklave" und „Recht" stehen im Widerspruche; sie heben sich gegenseitig auf. Ob sich dieser Redensweise ein Mensch zu einem anderen oder zu einem ganzen Volke bedient, so wird es stets gleich unsinnig sein zu sagen: „Ich schließe mit dir eine Übereinkunft, die dir allen Nachteil und mir allen Vorteil bringt, eine Übereinkunft, die ich halten werde, solange es mir gefällt, und die du halten mußt, solange es mir gefällt."

5. Kapitel

Die Abstammung aller Verträge aus einem Urvertrage

Wenn ich auch alles, was ich bisher widerlegt, zugestände, so würden doch die Verteidiger des Despotismus dadurch noch nicht weitergelangt sein. Es wird stets ein großer Unterschied zwischen der Unterjochung einer Menge und der Regierung einer Gesellschaft stattfinden. In wie großer Anzahl auch zerstreute Menschen nach und nach von einem einzelnen unterjocht werden, so sehe ich dabei doch nur einen Herrn und Sklaven; ich erblicke darin kein Volk und sein Oberhaupt; es ist, wenn man will, eine Zusammenhäufung, aber keine Gesellschaft; es gibt da weder ein Gemeinwohl noch einen Staatskörper. Dieser Mensch ist, wenn er auch die halbe Welt unterjocht hätte, immer nur ein Privatmann, und sein Interesse, sobald es von dem der übrigen losgelöst ist, immer nur ein Privatinteresse. Nach seinem Tode bleibt sein Reich zerstückt und ohne Verbindung zurück, wie eine Eiche, wenn sie vom Feuer verzehrt ist, sich auflöst und in einen Aschenhaufen zerfällt.

Ein Volk, sagt Grotius, kann sich an einen König verschenken. Nach ihm ist also ein Volk schon ein Volk, bevor es sich an einen König verschenkt. Diese Verschenkung selbst ist ein bürgerlicher Akt, der eine öffentliche Beratung voraussetzt. Deshalb würde es vor der Untersuchung des Aktes, durch den ein Volk einen König wählt, angemessen sein, den Akt zu prüfen, durch den ein Volk eben ein Volk ist, denn da dieser Akt dem andern notwendigerweise vorausgehen muß, so ist er auch die eigentliche Grundlage der Gesellschaft.

In der Tat, gäbe es keine voraufgehende Übereinkunft, was würde dann, sobald die Wahl nicht einstimmig ausfiele? Sollte etwa für die Minorität die Verpflichtung erwachsen, sich der Wahl der Majorität zu unterwerfen? Und woher besäßen hundert, die sich einen Herrn wünschen, das Recht, für zehn, die sich keinen wünschen, mitzustimmen? Das Gesetz der Stimmenmehrheit ist selbst eine Sache des Übereinkommens und setzt wenigstens eine einmalige Einstimmigkeit voraus.

6. Kapitel

Der Gesellschaftsvertrag

Ich nehme an, daß sich die Menschen bis zu der Stufe emporgeschwungen haben, wo die Hindernisse, die ihrer Erhaltung in dem Naturzustand schädlich sind, durch ihren Widerstand die Oberhand über die Kräfte gewinnen, die jeder einzelne aufbieten muß, um sich in diesem Zustand zu behaupten. Dann kann dieser ursprüngliche Zustand nicht länger fortbestehen, und das menschliche Geschlecht müßte zugrunde gehen, wenn es die Art seines Daseins nicht änderte.

Da nun die Menschen unfähig sind, neue Kräfte hervorzubringen, sondern lediglich die einmal vorhandenen zu vereinigen und zu lenken vermögen, so haben sie zu ihrer Erhaltung kein anderes Mittel, als durch Vereinigung eine Summe von Kräften zu bilden, die den Widerstand überwinden kann, und alle diese Kräfte durch eine einzige Triebkraft in Bewegung zu setzen und sie in Einklang wirken zu lassen.

Eine solche Summe von Kräften kann nur durch das Zusammenwirken mehrerer entstehen. Da jedoch die Stärke und die Freiheit jedes Menschen die Hauptwerkzeuge seiner Erhaltung sind, wie kann er sie hergeben, ohne sich Schaden zu tun und die Sorgfalt zu versäumen, die er sich schuldig ist? Diese Schwierigkeit läßt sich, wenn man sie auf den Gegenstand meiner Betrachtung anwendet, in die Worte zusammenfassen:

„Wie findet man eine Gesellschaftsform, die mit der ganzen gemeinsamen Kraft die Person und das Vermögen jedes Gesellschaftsgliedes verteidigt und schützt und kraft dessen jeder einzelne, obgleich er sich mit allen vereint, gleichwohl nur sich selbst gehorcht und so frei bleibt wie vorher?“ Dies ist die Hauptfrage, deren Lösung der Gesellschaftsvertrag gibt.

Die Klauseln dieses Vertrages sind durch die Natur der Verhandlung so bestimmt, daß die geringste Abänderung sie nichtig und wirkungslos machen müßte. Die Folge davon ist, daß sie, wenn sie auch vielleicht nie ausdrücklich ausgesprochen wären, doch überall gleich, überall stillschweigend angenommen und anerkannt sind, bis nach Verletzung des Gesellschaftsvertrages jeder in seine ursprünglichen Rechte zurücktritt und seine natürliche Freiheit zurückerhält, während er zugleich die auf Übereinkommen beruhende Freiheit, für die er auf jene verzichtete, verliert.

Alle diese Klauseln lassen sich, wenn man sie richtig auffaßt, auf eine einzige zurückführen, nämlich auf das gänzliche Aufgehen jedes Gesellschaftsgliedes mit allen seinen Rechten in der Gesamtheit, denn indem sich jeder ganz hingibt, so ist das Verhältnis zunächst für alle gleich, und weil das Verhältnis für alle gleich ist, so hat niemand ein Interesse daran, es den anderen drückend zu machen.

Da ferner dieses Aufgehen ohne allen Vorbehalt geschieht, so ist die Verbindung so vollkommen, wie sie nur sein kann, und kein Gesellschaftsgenosse hat irgend etwas Weiteres zu beanspruchen, denn wenn den einzelnen irgendwelche Rechte blieben, so würde in Ermangelung eines gemeinsamen Oberherrn, der zwischen ihnen und dem Gemeinwesen entscheiden könnte, jeder, der in irgendeinem Punkte sein eigener Richter ist, auch bald verlangen, es in allen zu sein; der Naturzustand würde fortdauern, und die gesellschaftliche Vereinigung tyrannisierend oder zwecklos sein.

Während sich endlich jeder allen übergibt, übergibt er sich damit niemandem, und da man über jeden Gesellschaftsgenossen das nämliche Recht erwirbt, das man ihm über sich gewährt, so gewinnt man für alles, was man verliert, Ersatz und mehr Kraft, das zu bewahren, was man hat.

Scheidet man also vom Gesellschaftsvertrage alles aus, was nicht zu seinem Wesen gehört, so wird man sich überzeugen, daß er sich in folgende Worte zusammenfassen läßt: „Jeder von uns stellt gemeinschaftlich seine Person und seine ganze Kraft unter die oberste Leitung des allgemeinen Willens, und wir nehmen jedes Mitglied als untrennbaren Teil des Ganzen auf."

An die Stelle der einzelnen Person jedes Vertragsschließenden setzt solcher Gesellschaftsvertrag sofort einen geistigen Gesamtkörper, dessen Mitglieder aus sämtlichen Stimmabgebenden bestehen, und der durch ebendiesen Akt seine Einheit, sein gemeinsames Ich, sein Leben und seinen Willen erhält. Diese öffentliche Person, die sich auf solche Weise aus der Vereinigung aller übrigen bildet, wurde ehemals Stadt genannt und heißt jetzt Republik oder Staatskörper. Im passiven Zustand wird er von seinen Mitgliedern Staat, im aktiven Zustand Oberhaupt, im Vergleich mit anderen seiner Art, Macht genannt. Die Gesellschaftsgenossen führen als Gesamtheit den Namen Volk und nennen sich einzeln als Teilhaber der höchsten Gewalt Staatsbürger und im Hinblick auf den Gehorsam, den sie den Staatsgesetzen schuldig sind, Untertanen. Aber diese Ausdrücke gehen oft ineinander über und werden miteinander verwechselt; es genügt, sie unterscheiden zu können, wenn sie in ihrer eigentlichen Bedeutung gebraucht werden.

7. Kapitel

Vom Staatsoberhaupt

Aus jener Formel erkennt man, daß der Gesellschaftsvertrag eine gegenseitige Verpflichtung zwischen dem Gemeinwesen und den einzelnen in sich schließt, und daß sich jeder einzelne, da er gleichsam mit sich selbst einen Vertrag abschließt, doppelt verpflichtet sieht, und zwar als Glied des Staatsoberhauptes gegen die einzelnen und als Glied des Staates gegen das Staatsoberhaupt. Hier darf man jedoch den Grundsatz des bürgerlichen Rechtes, daß niemand an gegen sich selbst eingegangene Verpflichtungen gebunden sei, nicht in Anwendung bringen, denn es ist ein großer Unterschied zwischen einer Verpflichtung gegen sich selbst und einer Verpflichtung gegen ein Ganzes, von dem man einen Teil bildet.

Man muß ferner beachten, daß der öffentliche Beschluß, der allen Untertanen Verpflichtungen gegen das Staatsoberhaupt aufzulegen vermag, und zwar infolge des doppelten Verhältnisses, unter welchem jeder von ihnen betrachtet werden muß, aus entgegengesetztem Grunde das Staatsoberhaupt nicht gegen sich selbst verpflichten kann, und daß es folglich gegen die Natur des Staatskörpers ist, wenn sich das Staatsoberhaupt ein Gesetz auferlegt, das es nicht brechen kann. Da es sich immer nur in einem und demselben Verhältnisse betrachten kann, so befindet es sich dann in dem Falle eines Privatmannes, der mit sich selber einen Vertrag abschließt; hieraus geht klar hervor, daß es für den Volkskörper keinerlei Art eines bindenden Grundgesetzes gibt noch geben kann; nicht einmal der Gesellschaftsvertrag reicht dazu aus. Das soll jedoch nicht heißen, daß sich dieser Körper nicht in allen Stücken, durch die jener Vertrag nicht verletzt wird, gegen einen andern verbindlich machen könne; denn dem Fremden gegenüber wird er wieder ein einfaches, einzelnes Wesen.

Da aber der Staatskörper oder das Staatsoberhaupt sein Dasein nur aus der Heiligkeit des Vertrages schöpft, kann es sich gegen einen andern nie selbst zu etwas verpflichten, was eine Zuwiderhandlung gegen diesen Urvertrag hervorbringen würde, wie etwa zur Veräußerung eines Teils seiner selbst oder zur Unterwerfung unter ein anderes Oberhaupt. Die Verletzung des Vertrages, durch den es sein Dasein erhält, würde seine Selbstvernichtung sein, und ein Nichts kann nichts schaffen.

Sobald die Menge auf solche Weise zu einem Körper vereinigt ist, kann man keines seiner Glieder verletzen, ohne den Körper anzugreifen, und noch weniger den Körper verletzen, ohne daß die Glieder darunter leiden. So verbinden Pflicht und Interesse beide vertragschließenden Teile in gleicher Weise, sich gegenseitig Beistand zu leisten, und in dieser doppelten Beziehung müssen die nämlichen Menschen darauf bedacht sein, alle daraus hervorgehenden Vorteile zu vereinigen.

Das Staatsoberhaupt nun, das nur aus den einzelnen, aus denen es besteht, gebildet wird, hat und kann kein dem ihrigen zuwiderlaufendes Interesse haben; folglich bedarf die oberherrliche Macht den Untertanen gegenüber keiner Bürgschaft, da ja der Körper unmöglich den Willen haben könnte, allen seinen Gliedern zu schaden; und wir werden später sehen, daß er einem einzelnen nicht schaden kann. Schon durch sein bloßes Dasein ist das Staatsoberhaupt stets, was es sein soll.

Anders jedoch ist die Stellung der Untertanen dem Staatsoberhaupte gegenüber, das trotz des gemeinschaftlichen Interesses keine Bürgschaft für ihre Verpflichtungen besitzen würde, wenn es nicht Mittel fände, sich ihrer Treue zu versichern.

In der Tat kann jeder einzelne als Mensch einen besonderen Willen haben, der dem allgemeinen Willen, den er als Staatsbürger hat, zuwiderläuft oder mit dem er doch nicht überall in Einklang steht. Sein besonderes Interesse kann ganz andere Anforderungen an ihn stellen als das gemeinsame Interesse; sein selbständiges und von Natur unabhängiges Dasein kann ihm das, was er dem Gemeinwesen schuldig ist, als eine freiwillige Beisteuer erscheinen lassen, deren Verlust den anderen einen geringeren Schaden bereiten würde, als ihm die Last der Abtragung verursacht. Das Individuum würde die moralische Person, die den Staat ausmacht, nur als eine Idee auffassen können, weil sie eben kein Mensch ist, und die Rechte des Staatsbürgers genießen, ohne die Pflichten des Untertans erfüllen zu wollen, eine Ungerechtigkeit, deren Umsichgreifen den Untergang des Staatskörpers herbeiführen würde.

Damit demnach der Gesellschaftsvertrag keine leere Form sei, enthält er stillschweigend folgende Verpflichtung, die allein den übrigen Kraft gewähren kann; sie besteht darin, daß jeder, der dem allgemeinen Willen den Gehorsam verweigert, von dem ganzen Körper dazu gezwungen werden soll; das hat keine andere Bedeutung, als daß man ihn zwingen werde, frei zu sein. Denn die persönliche Freiheit ist die Bedingung, die jedem Bürger dadurch, daß sie ihn dem Vaterlande einverleibt, Schutz gegen jede persönliche Abhängigkeit verleiht, eine Bedingung, die die Stärke und Beweglichkeit der Staatsmaschine ausmacht und den bürgerlichen Verpflichtungen, die ohne sie sinnlos, tyrannisch und den ausgedehntesten Mißbräuchen ausgesetzt wären, Rechtmäßigkeit gibt.

8. Kapitel

Vom staatsbürgerlichen Zustand

Der Übergang aus dem Naturzustande in den bürgerlichen bringt in dem Menschen eine sehr bemerkbare Veränderung hervor, indem in seinem Verhalten die Gerechtigkeit an die Stelle des Instinktes tritt und sich in seinen Handlungen der sittliche Sinn zeigt, der ihnen vorher fehlte. Erst in dieser Zeit verdrängt die Stimme der Pflicht den physischen Antrieb und das Recht der Begierde, so daß sich der Mensch, der bis dahin lediglich auf sich selbst Rücksicht genommen hatte, gezwungen sieht, nach anderen Grundsätzen zu handeln, und seine Vernunft um Rat fragt, bevor er auf seine Neigungen hört. Obgleich er in diesem Zustande mehrere Vorteile, die ihm die Natur gewährt, aufgibt, so erhält er dafür doch so bedeutende andere Vorteile. Seine Fähigkeiten üben und entwickeln sich, seine Ideen erweitern, seine Gesinnungen veredeln, seine ganze Seele erhebt sich in solchem Grade, daß er, wenn ihn die Mißbräuche seiner neuen Lage nicht oft noch unter die, aus der er hervorgegangen, erniedrigte, unaufhörlich den glücklichen Augenblick segnen müßte, der ihn dem Naturzustande auf ewig entriß und aus einem ungesitteten und beschränkten Tiere ein einsichtsvolles Wesen, einen Menschen machte.

Führen wir die ganze Vergleichung beider Zustände auf einige Punkte zurück, bei denen die Unterschiede am klarsten hervortreten. Der Verlust, den der Mensch durch den Gesellschaftsvertrag erleidet, besteht in dem Aufgeben seiner natürlichen Freiheit und des unbeschränkten Rechtes auf alles, was ihn reizt und er erreichen kann. Sein Gewinn äußert sich in der bürgerlichen Freiheit und in dem Eigentumsrecht auf alles, was er besitzt. Um sich bei dem Abwägen der Vorteile beider Stände keinem Irrtum hinzugeben, muß man die natürliche Freiheit, die nur in den Kräften des einzelnen ihre Schranken findet, von der durch den allgemeinen Willen beschränkten, bürgerlichen Freiheit genau unterscheiden und in gleicher Weise den Besitz, der nur die Wirkung der Stärke oder das Recht des ersten Besitzergreifers ist, von dem Eigentum, das nur auf einen sicheren Rechtsanspruch gegründet werden kann.

Nach dem Gesagten würde man noch zu den Vorteilen des Staatsbürgertums die sittliche Freiheit hinzufügen können, die allein den Menschen erst in Wahrheit zum Herrn über sich selbst macht; denn der Trieb der bloßen Begierde ist Sklaverei, und der Gehorsam gegen das Gesetz, das man sich selber vorgeschrieben hat, ist Freiheit. Aber hierüber habe ich schon allzuviel gesagt, und die philosophische Bedeutung des Wortes Freiheit gehört nicht zu den Aufgaben meiner Arbeit.

9. Kapitel

Vom Gemeingut

Jedes Glied des Gemeinwesens übergibt sich demselben in dem Augenblicke seines Entstehens, so wie es sich gerade vorfindet, sich und alle seine Kräfte, von denen die Güter, die es besitzt, einen Teil bilden. Dadurch, daß der Besitz hierbei in andere Hände übergeht, ändert er zwar nicht seine Natur und wird nicht Eigentum des Staatsoberhauptes; da jedoch die Kräfte des Gemeinwesens weit größer sind als die jedes einzelnen, so ist der Staatsbesitz in der Tat auch fester und gesicherter, ohne dadurch, wenigstens den Fremden gegenüber, rechtmäßiger zu sein; denn in bezug auf seine Glieder ist der Staat durch den

Gesellschaftsvertrag, der im Staate als Grundlage aller Rechte dient, Herr über alle ihre Güter; was aber die übrigen Mächte anlangt, so ist er es ihnen gegenüber nur durch das ihm von den einzelnen übertragene Recht des ersten Besitzergreifers.

Obgleich das Recht des ersten Besitzergreifers berechtigter ist als das Recht des Stärkeren, so wird es doch erst nach Einführung des Eigentumsrechtes ein wirkliches Recht. Von Natur hat jeder Mensch ein Recht auf alles, was er notwendig braucht; aber gerade der Vertrag, der ihn zum Eigentümer irgendeines Gutes macht, schließt ihn von allem übrigen aus. Nach Festsetzung seines Anteils muß er sich auf ihn beschränken und hat kein Anrecht mehr auf das Gemeingut. Deshalb ist das im Naturzustande so schwache Recht des ersten Besitzergreifers jedem Staatsbürger so achtungswert. Man achtet in diesem Rechte nicht sowohl das Eigentum eines anderen als das, was einem selbst nicht gehört.

Um das Recht des ersten Besitzergreifers auf irgendein Stück Land zu begründen, bedarf es im allgemeinen folgender Bedingungen: erstens, daß dieses Stück Land noch von niemandem bewohnt werde; zweitens, daß man davon nur soviel in Anspruch nehme, wie man zum Unterhalte nötig hat; drittens endlich, daß man davon nicht durch eine leere Förmlichkeit Besitz ergreife, sondern durch Arbeit und Anbau, das einzige Zeichen des Eigentums, das in Ermangelung gesetzlicher Rechtsansprüche von anderen geachtet werden muß.

Gibt man dem Rechte des ersten Besitzergreifers nicht in der Tat dadurch die weiteste Ausdehnung, daß man es mit dem Bedürfnis und der Arbeit vereinigt? Kann man dieses Recht nicht einschränken? Soll es schon genügen, den Fuß auf ein gemeinschaftliches Stück Land zu setzen, um sich sofort für den Herrn desselben auszugeben? Soll die Stärke, die anderen Menschen einen Augenblick lang davon zu verjagen, schon genügen, um ihnen das Recht der Rückkehr zu nehmen? Wie kann sich ein Mensch oder ein Volk anders als durch eine widerrechtliche Besitzergreifung eines unermeßlichen Landstriches bemächtigen und es dem ganzen Menschengeschlechte entziehen, da er den übrigen Menschen den Raum und die Nahrungsmittel raubt, die die Natur ihnen gemeinschaftlich gibt? Als Nunnez Balbao im Namen der Krone von Castilien die Südsee und ganz Südamerika vom Ufer aus in Besitz nahm, war dies schon ausreichend, um allen seinen Bewohnern ihr Eigentumsrecht auf das Land zu entreißen und alle Fürsten der Welt davon auszuschließen? Bei solcher Sachlage vervielfältigen sich diese Förmlichkeiten höchst nutzloserweise, und der katholische König brauchte nur mit einem Male von dem ganzen Weltall Besitz zu ergreifen, sobald er nur hinterher von seinem Reiche alles ausschlösse, was schon vorher von anderen Fürsten in Besitz genommen war.

Es ist leicht begreiflich, wie die vereinigten und aneinandergrenzenden Ländereien der einzelnen Staatsgebiet werden, und wie das Recht der Oberherrlichkeit, indem es sich auf das von den Untertanen besetzte Gebiet ausdehnt, zugleich dinglich und persönlich wird, was die Besitzer in eine größere Abhängigkeit versetzt und ihre Kräfte selbst zu Bürgen ihrer Treue macht. Hierin liegt ein Vorteil, für den die Monarchen in früheren Zeiten kein Verständnis gehabt zu haben scheinen. Sie nannten sich nur Könige der Perser, der Skythen, der Mazedonier und schienen sich deshalb weit mehr für Oberhäupter der Menschen als für Herren des Landes zu halten. Heutigentags nennen sie sich viel geschickter Könige von Frankreich, von Spanien, von England usw., und indem sie auf solche Weise das Land in Besitz nehmen, haben sie auch die vollkommene Sicherheit, die Bewohner in Besitz zu behalten.

Das Sonderbare bei dieser Veräußerung liegt darin, daß das Gemeinwesen durch Übernahme der Güter der einzelnen diese nicht etwa ihrer Besitzungen beraubt, sondern ihnen gerade erst den rechtmäßigen Besitz dieser Güter in Wahrheit sichert, die Usurpation in ein wahres Recht und den Genuß in Eigentum verwandelt. Da die Besitzer jetzt als Verwahrer des Staatsgutes betrachtet, ihre Rechte von allen Gliedern des Staates geachtet und durch seine ganze Macht dem Fremden gegenüber behauptet werden: so haben sie durch eine Abtretung, die dem Gemeinwesen und in einem noch weit höheren Grade ihnen selbst vorteilhaft ist, alles, was sie hingaben, gleichsam wiedergenommen, ein Paradoxon, das sich durch die Unterscheidung der Rechte, die das Staatsoberhaupt und der Eigentümer auf das gleiche Grundstück haben, wie man später sehen wird, leicht erklärt.

Möglich ist auch, daß sich die Menschen zu vereinigen beginnen, ehe sie etwas besitzen, und dann, wenn sie sich später eines für alle ausreichenden Gebietes bemächtigen, es gemeinschaftlich benutzen oder unter sich teilen, sei es zu gleichen Teilen oder nach bestimmten, vom Staatsoberhaupte festgesetzten Verhältnissen. Auf welche Weise sich jedoch die Erwerbung vollziehen möge, stets ist das Recht, welches jeder einzelne auf sein besonderes Grundstück besitzt, dem Rechte, das dem Gemeinwesen auf alle zusteht, untergeordnet, sonst würde es der gesellschaftlichen Vereinigung an Festigkeit und der oberherrlichen Wirksamkeit an wahrer Kraft fehlen.

Ich schließe dieses Kapitel und dieses Buch mit einer Bemerkung, die jedem gesellschaftlichen Plane als Grundlage dienen muß: der Grundvertrag hebt nicht etwa die natürliche Gleichheit auf, sondern setzt im Gegenteil an die Stelle der physischen Ungleichheit, die die Natur unter den Menschen hätte hervorrufen können, eine sittliche und gesetzliche Gleichheit, so daß die Menschen, wenn sie auch an körperlicher und geistiger Kraft ungleich sein können, durch Übereinkunft und Recht alle gleich werden.

Zweites Buch

1. Kapitel

Die Staatshoheit ist unveräußerlich

Die erste und wichtigste Schlußfolge aus den bis jetzt aufgestellten Grundsätzen ist die, daß der allgemeine Wille allein die Kräfte des Staates dem Zwecke seiner Einrichtung gemäß, der in dem Gemeinwohl besteht, leiten kann; denn wenn der Gegensatz der Privatinteressen die Errichtung der Gesellschaften nötig gemacht hat, so hat sie doch erst die Übereinstimmung der gleichen Interessen ermöglicht. Das Gemeinsame in diesen verschiedenen Interessen bildet das gesellschaftliche Band; und gäbe es nicht irgendeinen Punkt, in dem alle Interessen übereinstimmen, so könnte keine Gesellschaft bestehen. Einzig und allein nach diesem gemeinsamen Interesse muß die Gesellschaft regiert werden.

Ich behaupte also, daß die Staatshoheit, die nichts anderes als die Ausübung des allgemeinen Willens ist, nie veräußert werden kann und sich das Staatsoberhaupt als ein kollektives Wesen nur durch sich selbst darstellen läßt. Die Macht kann wohl übertragen werden, aber nicht der Wille.

Ist es in der Tat auch nicht unmöglich, daß der Wille eines einzelnen in irgendeinem Punkte mit dem allgemeinen Willen übereinstimme, so ist es wenigstens unmöglich, daß diese Übereinstimmung von Dauer und Bestand sein könnte, denn seiner Natur nach strebt der Wille des einzelnen nach Vorzügen, der allgemeine dagegen nach Gleichheit. Noch unmöglicher ist es, einen Bürgen für diese Übereinstimmung zu haben, sollte sie sogar wirklich von steter Dauer sein; letzteres wäre keine Wirkung der Kunst, sondern des Zufalles. Das Staatsoberhaupt kann wohl sagen: „Ich will jetzt, was dieser oder jener Mensch will oder doch zu wollen versichert", aber es kann nicht sagen: „Ich werde auch morgen wollen, was dieser Mensch will", da es sinnlos ist, daß sich der Wille schon für die Zukunft fesselt, und es nicht in der Gewalt irgendeines Willens steht, in etwas einzustimmen, was dem Wohle des wollenden Wesens widerspricht. Wenn deshalb ein Volk verspricht, bedingungslos zu gehorchen, so löst es sich durch ein solches Versprechen selbst auf und verliert seine Eigenschaft als Volk; sobald ein Herr da ist, gibt es kein Staatsoberhaupt mehr, und von dem Augenblicke an ist der Staatskörper vernichtet.

Das soll nicht heißen, daß die Befehle der Führer nicht für die allgemeine Willensmeinung gelten können, solange das Staatsoberhaupt, das die Freiheit besitzt, sich zu widersetzen, davon keinen Gebrauch macht. In einem solchen Falle muß man aus dem allgemeinen Schweigen auf die Einwilligung des Volkes schließen. Dies bedarf einer ausführlicheren Erklärung.

2. Kapitel

Die Staatshoheit ist unteilbar

Derselbe Grund, aus dem die Staatshoheit unveräußerlich ist, spricht auch für ihre Unteilbarkeit, denn der Wille ist allgemein, oder er ist es nicht; er ist der Ausfluß der Gesamtheit des Volkes oder nur eines seiner Teile. Im ersten Falle ist der Ausdruck dieses Willens ein Akt der Staatshoheit und hat Gesetzeskraft; im zweiten ist er nur Privatwille oder ein obrigkeitlicher Akt; er kann höchstens als eine Verordnung gelten.

Da aber unsere Staatsmänner die Staatshoheit nicht in ihrem Prinzip zerteilen können, so zerteilen sie sie wenigstens in bezug auf ihren Gegenstand; sie teilen sie in Kraft und Willen, in gesetzgebende und vollziehende Gewalt, in Berechtigung zu Auflagen, zur Rechtspflege und zum Kriege, in innere Verwaltung und das Amt für die auswärtigen Angelegenheiten; bald lassen sie alle diese Teile ineinander übergehen, und bald sondern sie sie voneinander. Sie machen aus dem Staatsoberhaupte ein phantastisches und zusammengestückeltes Wesen; es ist, als ob sie den Menschen aus mehreren Körpern zusammensetzten, von denen der eine nur Augen, der andere nur Arme, der dritte nur Füße und sonst weiter nichts hätte. Die Gaukler in Japan sollen vor den Augen der Zuschauer ein Kind zerstücken, und nachdem sie darauf alle seine Glieder nacheinander in die Luft geworfen haben, lassen sie das Kind wieder lebendig und mit heilen Gliedern herabfallen. Der Art sind ungefähr die Taschenspielerstreiche unserer Staatsmänner; nachdem sie den Gesellschaftskörper durch eine Gaukelei, die sich denen auf dem Jahrmarkte zur Seite stellen kann, zerlegt haben, setzen sie, man weiß nicht wie, die Stücke wieder zusammen.

Dieser Irrtum hat sich nur aus den ungenauen Vorstellungen von der staatshoheitlichen Gewalt bilden können, indem man Dinge, die nur Ausflüsse dieser Gewalt waren, für Teile derselben hielt. So hat man beispielsweise Kriegserklärungen und Friedensabschlüsse für Akte der Staatshoheit angesehen, was sie keineswegs sind, da keiner dieser Akte ein Gesetz, sondern jeder lediglich eine Anwendung des Gesetzes, ein besonderer Akt ist, der die gesetzlichen Bestimmungen zur Geltung bringt, wie man klar einsehen wird, sobald der mit dem Worte Gesetz verbundene Begriff festgestellt ist.

Bei einer ähnlichen Prüfung der übrigen Einteilungen würde man finden, daß man sich jedesmal irrt, wenn man die Staatshoheit geteilt zu sehen glaubt, und daß die Rechte, die man für Teile dieser Staatshoheit hält, ihr sämtlich untergeordnet sind und stets einen höchsten Willen voraussetzen, der nur durch diese Rechte zur Ausführung gelangt.

Es läßt sich gar nicht sagen, eine wie große Dunkelheit dieser Mangel an Genauigkeit über die Feststellungen der Schriftsteller auf dem Gebiete des Staatsrechts verbreitet hat, wenn sie nach Maßgabe der von ihnen festgestellten Grundsätze sich über die gegenseitigen Rechte der Könige und Völker ein Urteil erlauben wollten. Aus dem dritten und vierten Kapitel im ersten Buche des von Grotius verfaßten Werkes kann man ersehen, wie sich dieser gelehrte Mann und sein Übersetzer in ihre Trugschlüsse verwickeln und verwirren, aus Furcht, im Hinblick auf ihre Anschauungen zu viel oder zu wenig zu sagen und Interessen zu verletzen, die miteinander in Einklang zu bringen ihre Aufgabe war. Nach Frankreich geflüchtet und mit seinem Vaterlande unzufrieden, will Grotius Ludwig XIII., dem er sein Werk gewidmet hat, den Hof machen und spart deshalb nichts, die Völker aller ihrer Rechte zu berauben, um mit möglichster Geschicklichkeit die Könige damit zu bekleiden. Das wäre auch vollkommen nach dem Geschmacke Barbeyracs gewesen, der seine Übersetzung dem Könige Georg I. von England widmete. Leider nötigte ihn jedoch die Vertreibung Jacobs II., die er Abdankung nennt, auf seiner Hut zu sein, Winkelzüge und Ausflüchte zu machen, um Wilhelm nicht als einen Thronräuber erscheinen zu lassen. Hätten sich diese beiden Schriftsteller die wahren Grundsätze zu eigen gemacht, so wären alle Widersprüche behoben gewesen und sie stets mit sich in Übereinstimmung geblieben; dann wären sie aber freilich in der traurigen Lage gewesen, die Wahrheit sagen zu müssen und sich nur um die Gunst des Volkes zu bemühen. Die Wahrheit führt nicht zu Glücksgütern, und das Volk verleiht weder Gesandtschaften, noch Lehrstühle, noch Gnadengelder.

3. Kapitel

Ob der allgemeine Wille irren kann

Aus dem Vorhergehenden ergibt sich, daß der allgemeine Wille beständig der richtige ist und immer auf das allgemeine Beste abzielt; daraus folgt jedoch nicht, daß Volksbeschlüsse immer gleich richtig sind. Man will stets sein Bestes, sieht jedoch nicht immer ein, worin es besteht. Das Volk läßt sich nie bestechen, wohl aber oft hinter das Licht führen, und nur dann scheint es Böses zu wollen.

Oft ist ein großer Unterschied zwischen dem Willen aller und dem allgemeinen Willen; letzterer geht nur auf das allgemeine Beste aus, ersterer auf das Privatinteresse und ist nur eine Summe einzelner Willensmeinungen. Zieht man nun von diesen Willensmeinungen das Mehr und Minder, das sich gegenseitig aufhebt, ab, so bleibt als Differenzsumme der allgemeine Wille übrig.

Hätten bei der Beschlußfassung eines hinlänglich unterrichteten Volkes die Staatsbürger keine feste Verbindung untereinander, so würde aus der großen Anzahl kleiner Differenzen stets der allgemeine Wille hervorgehen, und der Beschluß wäre immer gut. Wenn sich indessen Parteien, wenn sich kleine Genossenschaften zum Nachteil der großen bilden, so wird der Wille jeder dieser Gesellschaften in Beziehung auf ihre Mitglieder ein allgemeiner und dem Staate gegenüber ein einzelner; man kann dann sagen, daß nicht mehr soviel Stimmberechtigte wie Menschen vorhanden sind, sondern nur so viele, wie es Vereinigungen gibt. Die Differenzen werden weniger zahlreich und führen zu einem weniger allgemeinen Ergebnis. Wenn endlich eine dieser Vereinigungen so groß ist, daß sie über alle anderen das Übergewicht davonträgt, so ist das Ergebnis nicht mehr eine Summe kleiner Differenzen, sondern eine einzige Differenz; dann gibt es keinen allgemeinen Willen mehr, und die Ansicht, die den Sieg davonträgt, ist trotzdem nur eine Privatansicht.

Um eine klare Darlegung des allgemeinen Willens zu erhalten, ist es deshalb von Wichtigkeit, daß es im Staate möglichst keine besonderen Gesellschaften geben und jeder Staatsbürger nur für seine eigene Überzeugung eintreten soll. Deshalb war die auf diesem Grundsatze beruhende Einrichtung des großen Lykurg so einzig in ihrer Art und so erhaben. Gibt es nun solche besondere Gesellschaften, so muß man ihre Anzahl vermehren und ihrer Ungleichheit vorbeugen, wie Solon, Numa und Servius Tullius taten. Diese Vorsichtsmaßregeln können es einzig und allein bewirken, daß der allgemeine Wille immer klar ersichtlich ist, und das Volk sich nicht irrt.

4. Kapitel

Grenzen der Hoheitsmacht

Wenn der Staat oder das Gemeinwesen nur eine moralische Person ist, deren Leben in der Verbindung ihrer Glieder besteht, und wenn seine wichtigste Sorge auf seine eigene Erhaltung gerichtet ist, so hat er eine allgemeine und zwingende Kraft nötig, um jeden Teil auf die dem Ganzen zweckmäßigste Weise zu bewegen und nutzbar zu machen. Wie die Natur jeden Menschen mit einer unumschränkten Macht über alle seine Glieder ausstattet, so stattet auch der Gesellschaftsvertrag den Staatskörper mit einer unumschränkten Macht über all die seinigen aus, und ebendiese vom allgemeinen Willen geleitete Macht wird, wie bereits erwähnt, Staatshoheit genannt.

Außer der Person des Staates haben wir jedoch auch die einzelnen Personen, die jene bilden und deren Leben und Freiheit naturgemäß von ihr unabhängig sind, zu betrachten. Es gilt also, die gegenseitigen Rechte der Staatsbürger und des Staatsoberhauptes sowie die Pflichten, welche erstere in ihrer Eigenschaft als Untertanen zu erfüllen haben, von dem natürlichen Rechte, dessen sie als Menschen genießen müssen, genau zu unterscheiden.

Man gesteht zu, daß durch den Gesellschaftsvertrag jeder von seiner Macht, seinem Vermögen und seiner Freiheit nur den Teil veräußert, den das Gemeinwesen nötig hat; aber man muß auch zugestehen, daß das Staatsoberhaupt allein die Notwendigkeit des abzutretenden Teils bestimmen darf.

Alle Dienste, die der Staatsbürger dem Staate zu leisten vermag, ist er ihm schuldig, sobald das Staatsoberhaupt sie verlangt; dagegen kann das Staatsoberhaupt von seiner Seite aus die Untertanen mit keiner dem

Gemeinwesen unnützen Fessel belasten, ja, es kann es nicht einmal wollen, denn nach dem Gesetze der Vernunft geschieht ebensowenig wie nach dem Gesetze der Natur etwas ohne Ursache.

Die Verbindlichkeiten, die uns an den Gesellschaftskörper knüpfen, sind nur deswegen verpflichtender Natur, weil sie gegenseitig sind, und ihr Wesen ist der Art, daß man bei ihrer Erfüllung nicht für andere arbeiten kann, ohne auch für sich zu arbeiten. Weshalb ist der allgemeine Wille immer richtig, und weshalb wollen alle stets das Glück eines jeden unter sich, wenn nicht um deswillen, weil es niemand gibt, der nicht das Wort „jeder" sich aneignet und nicht an sich selber denkt, so oft er für alle stimmt? Darin liegt der Beweis, daß die Rechtsgleichheit und die dadurch hervorgerufene Vorstellung von Gerechtigkeit aus dem Vorzuge, den jeder sich selbst beilegt, und folglich aus der menschlichen Natur entspringen; daß der allgemeine Wille, soll er in Wahrheit bestehen, es sowohl im Hinblick auf seinen Gegenstand wie auf sein Wesen sein muß; daß er, um auf alle Anwendung finden zu können, auch von allen ausgehen muß, und daß er seine natürliche Richtigkeit verliert, sobald er es nur mit einem einzelnen bestimmten Gegenstande zu tun hat, weil wir bei der Beurteilung einer uns fremden Angelegenheit uns von keinem wahren Grundsatze der Billigkeit leiten lassen.

Sobald es sich bei einem durch eine frühere allgemeine Übereinkunft noch nicht geregelten Punkte um ein besonderes Ereignis oder ein besonderes Recht handelt, wird die Sache in der Tat strittig. Es liegt dann ein Rechtshandel vor, in dem die dabei beteiligten einzelnen die eine Partei und das Gemeinwesen die andere bilden, für den ich jedoch weder das Gesetz, das zu befolgen, noch den Richter, der zur Fällung des Urteils berechtigt wäre, aufzufinden vermag. Es würde lächerlich sein, sich dann in einem derartigen Falle auf eine ausdrückliche Entscheidung des allgemeinen Willens verlassen zu wollen, die ja doch nur der Beschluß der einen Partei sein kann und folglich für die andere nur eine fremde, einzelne, bei dieser Gelegenheit zur Ungerechtigkeit geneigte und dem Irrtum unterworfene Willensmeinung ist. Ebenso wie der Wille des einzelnen nicht imstande ist, für den allgemeinen Willen einzutreten, verändert seinerseits auch der allgemeine Wille seine Natur, sobald es sich um einen einzelnen Gegenstand handelt, und kann nicht als allgemeiner Wille über einen Menschen oder ein Ereignis ein Urteil fällen. Wenn beispielsweise die Athener ihre Feldherren ernannten oder absetzten, dem einen Ehrenbezeigungen zuerkannten, den anderen Strafen auferlegten und durch eine Menge besonderer Beschlüsse ohne

Unterschied alle Regierungsgeschäfte ausübten, so hatten sie im eigentlichen Sinne keinen allgemeinen Willen mehr; sie handelten nicht mehr als Staatsoberhaupt, sondern als Verwaltung. Dies wird freilich scheinbar mit den gewöhnlichen Begriffen in Widerspruch stehen; man möge mir jedoch nur Zeit lassen, die meinigen auseinanderzusetzen.

Man muß verstehen, daß weniger die Anzahl der Stimmen den Willen verallgemeinert als vielmehr das allgemeine Interesse, die sie vereinigt, denn bei dieser Einrichtung unterwirft sich ein jeder den Bedingungen, die er den anderen auferlegt. Es herrscht ein bewundernswerter Einklang des Interesses und der Gerechtigkeit, der den gemeinsamen Beschlüssen einen Charakter der Billigkeit verleiht, die bei der Erörterung jeder Privatangelegenheit sichtlich verlorengeht, weil kein gemeinschaftliches Interesse vorhanden ist, das die Anschauung des Richters mit der der Partei in Einklang und Übereinstimmung bringt.

Von welcher Seite aus man auch auf das Prinzip zurückgehen möge, stets gelangt man zu dem Schlusse, daß der Gesellschaftsvertrag unter den Staatsbürgern eine derartige Gleichheit herstellt, daß sich alle auf dieselben Bedingungen hin verpflichten und alle derselben Rechte genießen müssen. Der Natur des Vertrages gemäß verpflichtet oder begünstigt jede Handlung der Staatshoheit, d. h. jede authentische Handlung des allgemeinen Willens, alle Staatsbürger in gleicher Weise, so daß das Staatsoberhaupt lediglich den Körper der Nation kennt und von allen, die ihn bilden, keinen unterscheidet. Was ist denn nun eigentlich eine Handlung der Staatshoheit? Nicht eine Übereinkunft des Höheren mit dem Niederen, sondern eine Übereinkunft des Körpers mit jedem seiner Glieder; sie ist rechtmäßig, weil sie den Gesellschaftsvertrag zur Grundlage hat; sie ist billig, weil alle gleichen Anteil daran haben; sie ist nützlich, weil sie nur auf das allgemeine Beste ausgehen kann und auch dauerhaft, da die Staatskraft und die oberste Gewalt für sie eintreten. Solange die Untertanen nur den in solcher Übereinkunft angenommenen Gesetzen unterworfen sind, gehorchen sie niemand als ihrem eigenen Willen; und die Frage aufstellen, bis wohin sich die gegenseitigen Rechte des Staatsoberhauptes und der Staatsbürger erstrecken, heißt nichts anderes als fragen, bis wie weit sich letztere gegen sich selbst, jeder gegen alle und alle gegen jeden verpflichten können.

Hieraus ist ersichtlich, daß die oberherrliche Gewalt, so unumschränkt, heilig und unverletzlich sie auch ist, die Grenzen der allgemeinen Übereinkunft weder überschreitet noch überschreiten kann, und daß jeder Mensch über den ihm durch diese Übereinkünfte gebliebenen Teil seiner Güter und seiner Freiheit vollkommen unbehindert verfügen kann, so daß dem Staatsoberhaupte nie das Recht zusteht, einen Untertan stärker als den andern zu belasten, weil dies zu einer Privatangelegenheit wird, deren Entscheidung nicht in seiner Macht liegt.

Bei Annahme dieser Unterscheidungen ist die Behauptung einer wirklichen Entsagung von seiten der einzelnen im Gesellschaftsvertrage so falsch, daß sich vielmehr eine wesentliche Verbesserung ihrer Lage gegen früher als Folge dieses Vertrages nachweisen läßt. Anstatt einer Veräußerung haben sie nur einen vorteilhaften Tausch gemacht, indem sie für eine unsichere und ungewisse Lebensweise eine bessere und gesichertere, für die natürliche Unabhängigkeit Freiheit, für die Macht, andern zu schaden, ihre eigene Sicherheit und für ihre Kraft, die andere zu überwinden vermochte, ein Recht eintauschten, das die gesellschaftliche Verbindung unbesieglich macht. Sogar ihr Leben, das sie nun dem Staate geweiht haben, wird von demselben beständig geschützt, und was tun sie, wenn sie es zu seiner Verteidigung der Gefahr aussetzen, anderes, als daß sie ihm das von ihm Erhaltene zurückerstatten? Würden sie nicht im Naturzustand dasselbe weit häufiger und mit weit größerer Gefahr tun müssen, wenn sie das zum Lebensunterhalte Nötige unter unvermeidlichen Kämpfen mit Lebensgefahr verteidigten? Im Notfalle müssen allerdings alle für das Vaterland kämpfen, aber niemand braucht auch für sich selbst zu kämpfen. Haben wir also nicht noch Gewinn dabei, wenn wir uns für das, was unsere Sicherheit bildet, einem Teile der Gefahren aussetzen, denen wir uns, sobald uns jene Sicherheit genommen wäre, doch aussetzen müßten?

5. Kapitel

Vom Recht über Leben und Tod

Man fragt, wie die einzelnen, die doch kein Recht besitzen, über ihr eigenes Leben zu verfügen, dieses nämliche Recht, das ihnen nicht zusteht, auf das Staatsoberhaupt übertragen können? Die Lösung dieser Frage scheint nur deshalb schwierig, weil sie schlecht gestellt ist. Jeder Mensch ist berechtigt, sein eigenes Leben zu wagen, um es zu erhalten. Hat man je einen Menschen, der sich zum Fenster hinausstürzt, um sich aus einer Feuersbrunst zu retten, eines Selbstmordes schuldig erklärt? Hat man dieses Verbrechen je einem Menschen zur Last gelegt, der im Sturme umkam, obgleich er beim Einschiffen mit der Gefahr eines solchen bekannt war? Der Gesellschaftsvertrag bezweckt die Erhaltung der Gesellschafter. Wer den Zweck will, ist auch mit den Mitteln einverstanden, und diese Mittel lassen sich von einigen Gefahren, ja sogar von einigen Verlusten gar nicht trennen. Wer sein Leben auf Kosten anderer erhalten will, muß es, sobald es nötig ist, auch für sie hingeben. Der Staatsbürger ist deshalb auch nicht länger Richter über die Gefahr, der er sich auf Verlangen des Gesetzes aussetzen soll; und wenn der Fürst ihm gesagt hat: „Dein Tod ist für den Staat erforderlich", so muß er sterben, da er nur auf diese Bedingung bisher in Sicherheit gelebt hat, und sein Leben nicht mehr ausschließlich eine Wohltat der Natur, sondern ein ihm bedingungsweise bewilligtes Geschenk des Staates ist.

Die über die Verbrecher verhängte Todesstrafe kann so ziemlich aus demselben Gesichtspunkte angesehen werden. Um nicht das Schlachtopfer eines Mörders zu werden, gibt man seine Einwilligung dazu, selbst zu sterben, wenn man ein solcher werden sollte. Anstatt bei diesem Vertrage über sein Leben zu verfügen, geht man nur darauf aus, es zu schützen; jedenfalls läßt es sich nicht annehmen, daß irgendeiner der Vertragabschließenden im voraus daran gedacht habe, sich hängen zu lassen.

Überdies wird jeder Übeltäter dadurch, daß er das Gesellschaftsrecht verletzt, infolge seiner Verbrechen zum Aufrührer und Verräter an seinem Vaterlande; durch Übertretung der Gesetze desselben hört er auf, als sein Glied zu gelten, und führt sogar offen Krieg gegen dasselbe. In diesem Falle ist die Erhaltung des Staates mit der seinigen unvereinbar; einer von beiden muß zugrunde gehen, und wenn man den Schuldigen den Tod erleiden läßt, so stirbt er nicht sowohl als Bürger, sondern als Feind. Die Prozeßakten und das Urteil sind die Beweise und die Darlegung, daß er den Gesellschaftsvertrag gebrochen hat und folglich kein Mitglied des Staates mehr ist. Da er sich nun als solches, und wenn auch nur durch seinen Aufenthalt daselbst, anerkannt hat, so muß er als vertragsbrüchig durch Verbannung oder als öffentlicher Feind durch den Tod ausgestoßen werden; denn ein solcher Feind ist keine moralische Person, er ist nichts als ein Mensch, und unter diesen Umständen ist Tötung des Besiegten Kriegsrecht.

Die Verurteilung eines Verbrechers aber, wird man einwenden, ist eine Privatsache. Geben wir dies zu. Diese Verurteilung steht nicht dem Staatsoberhaupte zu; es ist ein Recht, das er verleihen kann, während er es persönlich nicht ausüben darf. Alle meine Gedanken stehen in geordnetem Zusammenhange, wenn ich auch unfähig bin, sie alle auf einmal auseinanderzusetzen.

Die häufige Wiederkehr von Todesstrafen ist stets ein Zeichen der Schwäche oder Schlaffheit der Regierung. Es gibt keinen Bösewicht, den man nicht zu irgend etwas tauglich machen könnte. Man besitzt nicht das Recht, jemanden zu töten, nicht einmal des abschreckenden Beispiels wegen, es müßte denn sein Fortbestand gefährlich sein.

Das Recht der Begnadigung oder der Freisprechung des Schuldigen von der durch das Gesetz bestimmten und vom Richter ausgesprochenen Strafe gebührt nur dem, der über Richter und Gesetz steht, das heißt dem Staatsoberhaupte; sogar dessen Recht ist nicht völlig unanfechtbar, und nur in sehr seltenen Fällen wird er davon Gebrauch machen. In einem gut regierten Staate kommen wenige Bestrafungen vor, nicht weil das Begnadigungsrecht häufig angewandt wird, sondern weil sich wenige Verbrecher finden. Die Menge der Verbrechen sichert beim Verfalle des Staates ihre Straflosigkeit. In der römischen Republik fühlten sich weder die Konsuln noch der Senat je zu einer Begnadigung versucht; selbst das Volk begnadigte nicht, wenn es auch bisweilen sein eigenes Urteil zurücknahm. Häufige Begnadigungen geben zu erkennen, daß man für Freveltaten ihrer bald nicht mehr bedürfen wird, und jeder sieht ein, wohin das führt. Allein ich spüre, daß mein Herz sich empört und meine Feder zurückhält; wir wollen die Besprechung dieser Fragen dem Gerechten überlassen, der nie strauchelte und nie selbst der Gnade bedurfte.

6. Kapitel

Vom Gesetze

Durch den Gesellschaftsvertrag haben wir dem politischen Körper zum Dasein und Leben verholfen; jetzt kommt es darauf an, ihn durch die Gesetzgebung mit Tatkraft und Willen zu erfüllen. Denn der ursprüngliche Akt, durch den er sich bildet und verbindet, veranlaßt noch nicht, was er zu seiner Erhaltung tun muß.

Das an sich Gute und Ordnungsmäßige besteht lediglich durch die Natur der Sache und ist unabhängig von menschlichen Verträgen. Alle Gerechtigkeit kommt von Gott, er allein ist ihre Quelle; wären wir imstande, sie gleich von oben zu empfangen, so hätten wir weder Regierung noch Gesetze nötig. Ohne Zweifel ist eine allgemeine Gerechtigkeit vorhanden, die nur von der Vernunft ausgeht; allein um bei uns anerkannt zu werden, muß diese Gerechtigkeit gegenseitig sein. Betrachtet man die Dinge nur vom menschlichen Gesichtspunkte aus, so sind die Gesetze der Gerechtigkeit in Ermangelung einer natürlichen Bestätigung derselben unter den Menschen nicht verbindlich; sie dienen nur zum Besten des Bösen und zum Nachteil des Rechtschaffenen, wenn letzterer sie gegen jedermann beobachtet, während niemand sie ihm gegenüber befolgt. Es bedarf also gewisser Verträge und Gesetze, um die Rechte mit den Pflichten zu vereinbaren und die Gerechtigkeit auf ihr Gebiet zurückzuführen. Im Zustand der Natur, wo alles gemeinsam ist, habe ich niemandem etwas versprochen und bin deshalb auch niemandem etwas schuldig; ich gestatte dem anderen nur den Besitz dessen, was mir unnütz ist. In dem staatsbürgerlichen Zustand, wo alle Rechte durch das Gesetz bestimmt sind, ist das nicht der Fall.

Aber was ist denn schließlich ein Gesetz? Solange man es dabei bewenden läßt, mit diesem Worte nur metaphysische Begriffe zu verbinden, wird man unaufhörlich Redensarten machen, ohne sich selber klar zu werden, und trotz aller Erläuterungen eines Naturgesetzes noch immer nicht besser wissen, was ein Staatsgesetz ist.

Ich habe bereits gesagt, daß es über einen besonderen Gegenstand keinen allgemeinen Willen gebe. Dieser besondere Gegenstand betrifft nun den Staat oder betrifft ihn nicht. Betrifft er den Staat nicht, so kann ein Wille, an dem er unbeteiligt ist, in bezug auf ihn auch kein allgemeiner sein; betrifft jener Gegenstand dagegen den Staat, so bildet er ja einen Teil desselben. Dann entsteht zwischen dem Ganzen und seinem Teile ein Verhältnis, das zwei getrennte Wesen aus ihnen macht; das eine stellt der Teil, und das um ebendiesen Teil verminderte Ganze das andere dar. Allein das Ganze, dem ein Teil entzogen, ist nicht mehr das Ganze; und solange dieses Verhältnis fortbesteht, gibt es kein Ganzes mehr, sondern es sind zwei ungleiche Teile vorhanden; daraus folgt, daß der Wille des einen in bezug auf den andern ebenfalls kein allgemeiner ist.

Sobald jedoch das ganze Volk über das ganze Volk beschließt, nimmt es nur auf sich selbst Rücksicht, und bildet sich dann ein Verhältnis, so findet es ohne irgendeine Teilung des Ganzen nur zwischen dem ganzen Gegenstande unter einem Gesichtspunkte und dem ganzen Gegenstande unter einem andern Gesichtspunkte statt. Dann ist die Sache, über die man beschließt, ebenso allgemein wie der Wille, der beschließt; und diesen Akt eben nenne ich ein Gesetz.

Wenn ich sage, daß der Gegenstand der Gesetze immer allgemein ist, so meine ich damit, daß das Gesetz die Untertanen insgesamt und die Handlungen an sich ins Auge faßt, dagegen nie einen Menschen als einzelnen und ebensowenig eine besondere Handlung. Demnach kann das Gesetz wohl bestimmen, daß es Privilegien geben soll, kann sie aber niemandem namentlich verleihen. Das Gesetz kann mehrere Staatsbürgerklassen schaffen und sogar die Eigenschaften angeben, die diesen Klassen Recht geben werden, kann aber nicht die Aufnahme dieses oder jenes in eine derselben verfügen. Es kann eine königliche Regierung und eine erbliche Thronfolge einführen, aber es kann weder einen König erwählen noch eine königliche Familie ernennen. Mit einem Worte: jedes mit einem Einzelwesen vorzunehmende Geschäft ist der gesetzgebenden Gewalt entzogen.

Auf Grund dieser Vorstellung sieht man sofort, daß man nicht mehr danach fragen darf, wem die Gesetzgebung gebührt, da die Gesetze Akte des allgemeinen Willens sind; auch nicht, ob der Fürst über den Gesetzen steht, da er ein Glied des Staates ist, ebensowenig ob das Gesetz ungerecht sein kann, da niemand gegen sich selbst ungerecht ist; und ebenfalls nicht, wie man frei und doch zugleich den Gesetzen unterworfen sein kann, da letztere nur Verzeichnisse unserer eigenen Willensmeinungen sind.

Ferner ist es begreiflich: da das Gesetz die Gesamtheit des Willens mit der des Gegenstandes verbindet, so ist der eigenmächtige Befehl irgendeines Menschen, wer er auch immer sein möge, niemals ein Gesetz; sogar was das Staatsoberhaupt über einen einzelnen Gegenstand verordnet, ist durchaus nicht ein Gesetz, sondern eine Verordnung, nicht ein Hoheits-, sondern Verwaltungsakt.

Republik nenne ich deshalb jeden von Gesetzen regierten Staat, möge die Form der Verwaltung auch sein, welche sie wolle, denn nur in diesem Falle gebietet das Staatsinteresse und gilt jede Angelegenheit als Staatsangelegenheit. Jede rechtmäßige Regierung ist republikanisch.Was eine Regierung ist, werde ich späterhin erklären.

Die Gesetze sind eigentlich nur die Bedingungen der bürgerlichen Gesellschaft. Das Volk, das Gesetzen unterworfen ist, muß auch ihr Urheber sein; nur denen, die sich verbinden, liegt es ob, die Bedingungen der Vereinigung zu regeln. Aber wie sollen sie sie regeln? Etwa auf Grund einer gemeinschaftlichen Übereinstimmung infolge einer plötzlichen Begeisterung? Besitzt der politische Körper ein Organ, um seine Willensmeinungen auszusprechen? Wer wird ihn mit der nötigen Voraussicht ausrüsten, um die Beschlüsse im voraus zu fassen und bekanntzumachen, oder wie wird er sie, sobald es sich nötig macht, aussprechen? Wie sollte eine blinde Menge, die oft nicht weiß, was sie will, weil sie selten weiß, was ihr heilsam ist, imstande sein, ein so großes, so schweres Unternehmen wie ein System der Gesetzgebung ist, von sich selbst auszuführen? Von sich selbst will das Volk immer das Gute, aber es erkennt dasselbe nicht immer von sich selbst. Der allgemeine Wille ist stets richtig, allein das Urteil, welches ihn leitet, ist nicht immer im klaren. Man muß ihn die Gegenstände so sehen lassen, wie sie sind, bisweilen so, wie sie ihm erscheinen sollen; man muß ihm den rechten Weg, den er sucht, weisen, ihn vor der Verführung durch den Willen einzelner hüten, ihm die Orte und Zeiten näher vor Augen stellen und den Reiz der gegenwärtigen und sichtbaren Vorteile durch die Gefahr der entfernten und verborgenen Übel ausgleichen. Die einzelnen sehen das Gute, das sie verwerfen; der Staat will das Gute, das er nicht sieht. Alle bedürfen der Führer in gleicher Weise; erstere muß man zwingen, ihren Willen der Vernunft anzupassen, letzteren muß man zur Erkenntnis dessen bringen, was er will. Dann geht im Gesellschaftskörper aus der allgemeinen Einsicht die Vereinigung des Urteils und des Willens hervor, und das Ergebnis davon ist das genaue Zusammenwirken der einzelnen Teile und schließlich die höchste Kraft des Ganzen. Hieraus ergibt sich die Notwendigkeit eines Gesetzgebers.

7. Kapitel

Vom Gesetzgeber

Um die für das Wohl der Völker am besten geeigneten Grundsätze der Gesellschaft aufzufinden, bedürfte es eines höheren Geistes, der alle Leidenschaften der Menschen überschaute und keine derselben empfände; dem jede Beziehung zu unserer Natur fehlte und der trotzdem aus dem Grunde von ihr Kenntnis besäße; dessen Glück von uns unabhängig wäre und der dennoch Neigung hätte, sich mit dem unsrigen zu beschäftigen; der sich endlich im Verlaufe der Zeit einen erst in weiter Ferne hervortretenden Ruhm erwürbe und in einem Jahrhundert arbeiten könnte, um erst in einem andern die Früchte seiner Arbeit zu genießen. Es bedürfte göttlicher Wesen, um den Menschen Gesetze zu geben.

Dieselbe Schlußfolgerung, die Caligula in bezug auf die Tatsachen machte, stellte Plato in bezug auf das Recht an, um den bürgerlichen oder königlichen Menschen, nach dem er in seinem Buche über die Regierung sucht, zu kennzeichnen. Wenn es auf Wahrheit beruht, daß ein bedeutender Fürst ein seltener Mensch ist, was wird dann erst ein bedeutender Gesetzgeber sein? Der erste braucht nur dem Vorbilde zu folgen, das ihm der andere aufstellen muß. Dieser ist der Mechaniker, der die Maschine erfindet, jener nur der Arbeiter, der sie aufzieht und in Gang erhält. „Bei der Bildung der Gesellschaften", sagt Montesquieu, „geben die Oberhäupter der Republiken die Verfassung, und nachher macht diese Verfassung die Oberhäupter der Republiken aus."

Wer den Mut besitzt, einem Volke Einrichtungen zu geben, muß sich imstande fühlen, gleichsam die menschliche Natur umzuwandeln, jedes Individuum, das für sich ein vollendetes und einzeln bestehendes Ganzes ist, zu einem Teile eines größeren Ganzen umzuschaffen, aus dem dieses Individuum gewissermaßen erst Leben und Wesen erhält; die Beschaffenheit des Menschen zu seiner eigenen Kräftigung zu verändern und an die Stelle des leiblichen und unabhängigen Daseins, das wir alle von der Natur empfangen haben, ein nur teilweises und geistiges Dasein zu setzen. Kurz, er muß dem Menschen die ihm eigentümlichen Kräfte nehmen, um ihn mit anderen auszustatten, die seiner Natur fremd sind und die er ohne den Beistand anderer nicht zu benutzen versteht. Je mehr diese natürlichen Kräfte erstorben und vernichtet und je größer und dauerhafter die erworbenen sind, desto sicherer und vollkommener ist auch die Verfassung. Das heißt, wenn jeder Bürger nur durch alle anderen etwas ist und vermag, und wenn die erlangte Kraft des Ganzen der Summe der natürlichen Kräfte aller Individuen gleich ist oder sie übertrifft, erst dann kann man sagen, daß sich die Gesetzgebung auf dem höchsten Punkt der Vollkommenheit befindet, den sie zu erreichen imstande ist.

Der Gesetzgeber ist in jeder Beziehung ein außerordentlicher Mann im Staate. Wenn er es schon durch seinen Geist sein muß, so ist er es nicht weniger durch sein Amt. Es ist kein obrigkeitliches und auch kein mit der Oberherrlichkeit zusammenhängendes. Dieses Amt, das das Gemeinwesen organisiert, ist selbst kein Bestandteil der Verfassung. Es ist eine besondere und erhabenere Tätigkeit, die mit der menschlichen Herrschaft nichts gemein hat; denn wenn der Beherrscher der Menschen nicht zugleich der der Gesetze sein darf, so darf der Beherrscher der Gesetze ebensowenig der der Menschen sein, sonst würden diese Gesetze als Werkzeuge seiner Leidenschaften oft nur seine Ungerechtigkeiten fortpflanzen; nie könnte er vermeiden, daß Privatzwecke die Heiligkeit seines Werkes trübten.

Als Lykurg seinem Vaterlande Gesetze gab, legte er zunächst die königliche Würde nieder. Bei der Mehrzahl der griechischen Städte war es Sitte, Fremden die Abfassung ihrer Gesetze anzuvertrauen. Die neueren Republiken Italiens ahmten diesen Gebrauch oft nach; auch Genf befolgte ihn und befand sich dabei wohl. Rom sah während seines schönsten Zeitalters alle Verbrechen der Tyrannei in seinem Schoße aufs neue erwachen und sich nahe am Untergange, weil es die gesetzgebende und oberherrliche Gewalt in denselben Händen vereinigt hatte.

Gleichwohl maßten sich selbst die Dezemvirn nie das Recht an, allein aus eigener Machtvollkommenheit irgendein Gesetz zu erlassen. „Keiner unserer Vorschläge", sagten sie zum Volke, „kann ohne eure Genehmigung Gesetzeskraft erhalten. Römer, seid selbst die Urheber der Gesetze, die zu eurem Glücke führen sollen!"

Der Abfasser der Gesetze hat demnach keine gesetzgebende Berechtigung oder sollte sie doch nicht haben, und das Volk kann, selbst wenn es wollte, auf dieses nicht übertragbare Recht auf keinen Fall verzichten, weil nach dem Urvertrage nur der allgemeine Wille die einzelnen verpflichtet und es sich erst nach der freien Abstimmung des Volkes mit Sicherheit bestimmen läßt, ob der Wille des einzelnen mit dem allgemeinen in Einklang ist. Obgleich ich dies bereits gesagt habe, ist es doch zweckmäßig, es zu wiederholen.

Demzufolge findet man in dem Werke der Gesetzgebung zwei scheinbar unvereinbare Dinge vereint; ein die menschliche Kraft übersteigendes Unternehmen und zu seiner Ausführung eine Macht, die gleich Null ist.

Hierzu tritt noch eine andere Schwierigkeit, die ebenfalls Beachtung verdient. Die Weisen, die sich dem Volke gegenüber ihrer eigenen Sprache statt der seinigen bedienen wollen, würden unfähig sein, sich ihm verständlich zu machen. Tausenderlei Begriffe lassen sich aber nie in die Sprache des Volkes übertragen. Allzu allgemeine Gesichtspunkte und allzu entfernte Ziele übersteigen in gleicher Weise seine Fassungskraft. Da jedem einzelnen nur der auf sein Privatinteresse abzielende Regierungsplan zusagt, so sieht er sehr schwer ein, welche Vorteile er aus den durch gute Gesetze ihm auferlegten beständigen Beraubungen gewinnen soll. Damit ein im Entstehen begriffenes Volk Gefallen an den gesunden Grundsätzen der Staatskunst finden und die Grundregeln des Staatsrechtes befolgen könnte, wäre es nötig, daß die Wirkung zur Ursache würde, daß der gesellschaftliche Geist, der das Werk der Verfassung sein soll, selbst den Vorsitz in der Verfassung führen sollte, und daß die Menschen schon vor dem Bestehen der Gesetze das wären, was sie erst durch dieselben werden sollen. Da nun also der Gesetzgeber weder Gewalt anwenden noch mit Urteilskraft rechnen kann, so muß er notwendigerweise zur Autorität einer anderen Ordnung, die ohne Zwang hinzureißen und ohne zu überzeugen, doch zu überreden vermag, seine Zuflucht nehmen.

Das war es, was die Väter der Nationen zu allen Zeiten zwang, zur Vermittlung des Himmels Zuflucht zu nehmen und die Götter aus eigener Klugheit zu ehren, damit die Menschen, die sowohl den Gesetzen des Staates wie denen der Natur unterworfen sind und dieselbe Macht in der Bildung des Menschen wie in der des Staates anerkennen, freiwillig gehorchen und das Joch des Staatsglückes gelehrig tragen möchten.

Diese höhere Einsicht, die sich über den Gesichtskreis der gewöhnlichen Menschen erhebt, ist es, deren Entscheidungen der Gesetzgeber den Unsterblichen in den Mund legt, um solche, die sich durch menschliche Klugheit nicht erschüttern ließen, durch das göttliche Ansehen mit fortzureißen. Allein es ist nicht jedermanns Sache, die Götter reden zu lassen oder Glauben zu finden, wenn er sich für ihren Dolmetscher ausgibt. Die erhabene Seele des Gesetzgebers ist das einzige Wunder, das seine Sendung beweisen muß. Jeder kann Gebote auf steinerne Tafeln eingraben oder ein Orakel erkaufen oder einen geheimen Umgang mit irgendeiner Gottheit vorgeben oder einen Vogel abrichten, ihm etwas in das Ohr zu zwitschern, oder andere plumpe Mittel zur Täuschung des Volkes erfinden. Wer sich nur auf dergleichen versteht, kann aus Zufall wohl einen Haufen Narren um sich sammeln, wird aber nie ein Reich gründen, und sein abenteuerliches Werk wird mit ihm bald zugrunde gehen. Nichtige Gaukeleien bilden kein haltbares Band, nur die Klugheit macht es dauerhaft. Das jüdische Gesetz, das noch immer besteht, wie der Islam, der seit zehn Jahrhunderten die halbe Welt regiert, geben noch heutzutage die Größe ihrer Stifter zu erkennen, und während philosophischer Stolz oder blinder Parteigeist in ihnen nur glückliche Betrüger erblickt, bewundert der wahre Staatsmann in ihren Verfassungen den großen und gewaltigen Geist, der dauerhafte Einrichtungen ins Leben ruft.

Man braucht aus allem diesem noch nicht mit Warburton zu schließen, daß bei uns Politik und Religion einen gemeinsamen Zweck haben, sondern nur, daß beim Entstehen der Völker die eine der andern als Werkzeug dient.

8. Kapitel

Vom Volk

Wie der Baumeister vor Aufführung eines großen Gebäudes den Erdboden beobachtet und untersucht, um zu sehen, ob er die Last auszuhalten vermag, so macht der weise Gründer eines Staates nicht damit den Anfang, an sich gute Gesetze zu erlassen, sondern er prüft vorher, ob das Volk, für das er sie bestimmt, fähig ist, sie zu ertragen. Aus diesem Grunde lehnte es Plato ab, den Arkadiern und Kyrenäern Gesetze zu geben, da er wußte, daß diese beiden Völker reich waren und die Gleichheit nicht ausstehen konnten; deshalb sah man in Kreta gute Gesetze und schlechte Menschen, weil es Minos bei seiner Gesetzgebung nur mit einem von Lastern fast erdrückten Volke zu tun gehabt hatte.

Tausende von Nationen, die nie gute Gesetze hätten ertragen können, haben auf Erden geglänzt, und selbst solche, die dazu imstande gewesen wären, haben es während ihres ganzen Bestandes nur eine sehr kurze Zeit vermocht. Gleich den Menschen sind die meisten Völker nur in ihrer Jugend gelehrig; im Alter werden sie unverbesserlich. Wenn sich erst Gewohnheiten eingestellt haben und Vorurteile eingewurzelt sind, so ist der Versuch zu ihrer Umgestaltung ebenso gefährlich wie vergeblich; das Volk kann es einmal nicht leiden, daß man seine Gebrechen berührt, um sie aus der Welt zu schaffen; es gleicht darin den einfältigen und furchtsamen Kranken, die bei dem Anblicke des Arztes mit den Zähnen klappern.

Wie gewisse Krankheiten den Kopf der Menschen verwirren und ihnen das Gedächtnis rauben, so kommen im Verlauf der Staaten bisweilen leidenschaftlich erregte Zeitabschnitte vor, in denen Revolutionen auf die Völker eine gleiche Wirkung ausüben wie gewisse Krisen auf einzelne Menschen und der Abscheu vor der Vergangenheit die Stelle der Vergessenheit ersetzt, Zeitabschnitte, in denen der durch Bürgerkriege in Brand gesetzte Staat wie aus der Asche wiedergeboren wird und die Kraft der Jugend wiedergewinnt, nachdem er sich erst mühsam aus den Armen des Todes freigemacht hat. Dies zeigt Sparta zur Zeit Lykurgs und Rom nach der Vertreibung der Tarquinier, dies haben zu unserer Zeit Holland und die Schweiz nach der Vertreibung ihrer Tyrannen bewiesen.

Aber solche Entwicklungen sind selten; es sind Ausnahmen, deren Grund stets in der besonderen Verfassung des sich ausnahmsweise entwickelnden Staates liegt. Sie würden sogar nicht zweimal bei demselben Volke stattfinden können, denn es vermag sich nur frei zu machen, solange es noch im Zustande der Barbarei verharrt, aber es ist dazu nicht mehr imstande, wenn die Kraft des Bürgerstandes verbraucht ist. Dann können die Unruhen es vernichten, ohne daß es die Revolutionen wiederherstellen können, und es zerfällt und besteht nicht länger, sobald seine Fesseln gebrochen sind; von dem Augenblicke an hat es einen Herrn und nicht einen Befreier nötig. Ihr freien Völker, erinnert euch folgenden Grundsatzes: „Man kann sich die Freiheit erringen, gewinnt sie aber nie noch einmal!"

Man unterscheide zwischen Jugend und Kindheit; es gibt für die Völker wie für die Menschen eine Zeit der Jugend oder, wenn man will, der Reife, die man abwarten muß, ehe man sie den Gesetzen unterwirft; allein die Reife eines Volkes ist nicht immer leicht zu erkennen, und wenn man ihr zuvorkommt, ist das Werk verfehlt. Das eine Volk ist schon beim Entstehen bildungsfähig, das andere noch nicht nach zehn Jahrhunderten. Die Russen werden nie wahrhaft gesittet werden, weil sie es zu früh werden sollten. Peter besaß den Geist der Nachahmung, aber nicht das wahre schöpferische Genie, das alles aus dem Nichts ins Leben ruft. Einige seiner Schöpfungen waren gut, die meisten dagegen am unrechten Platze. Er sah die Roheit seines Volkes, sah jedoch nicht, daß es für höhere Gesittung noch nicht reif war; er wollte es zivilisieren, als es erst der Zucht bedurfte. Er wollte gleich Deutsche und Engländer schaffen, während er damit hätte beginnen müssen, echte Russen zu schaffen. Er trug selbst die Schuld daran, daß seine Untertanen nie das wurden, was sie hätten werden können, indem er sie überredete, sie wären schon, was sie doch nicht sind. Auf gleiche Weise erzieht ein französischer Hofmeister seinen Schüler dazu, um in seiner Kindheit zu glänzen und dann nichts zu sein. Das russische Reich wird darauf ausgehen, Europa zu unterjochen und wird selbst unterjocht werden. Die Tartaren, seine Untertanen oder Nachbarn, werden seine und unsere Herren werden; diese völlige Umwälzung scheint mir unabwendbar. Alle Könige Europas arbeiten einmütiglich daran, sie zu beschleunigen.

9. Kapitel

Fortsetzung

Wie die Natur dem Wuchse eines wohlgebildeten Menschen Grenzen gesetzt hat, die nur von Riesen oder Zwergen überschritten werden, so gibt es auch hinsichtlich der besten Zusammensetzung eines Staates Schranken des Umfanges, die er haben darf, damit er nicht zu groß sei, um gut regiert werden zu können, und auch nicht allzu klein, um fähig zu sein, sich durch sich selbst zu erhalten. In jedem politischen Körper gibt es ein Maximum der Kraft, über das er nicht hinausgehen darf und von dem er sich durch Vergrößerungen oft entfernt. Je weiter sich das staatliche Band ausdehnt, um so lockerer wird es, und gewöhnlich ist ein kleiner Staat verhältnismäßig stärker als ein großer.

Tausend Gründe beweisen diesen Satz. Zunächst wird bei großen Entfernungen die Verwaltung beschwerlicher, wie ein Gewicht am Ende eines längeren Hebelarmes schwerer wird. Mit der Zunahme ihrer Abstufungen wird sie auch lästiger, denn zunächst hat jede Stadt ihre Verwaltung, die das Volk bezahlt, jeder Kreis die seinige, die das Volk ebenfalls bezahlt; sodann jede Provinz, ferner die großen Regierungsbezirke, Statthalterschaften und Vizekönigreiche, die mit zunehmendem Umfange immer teurer und natürlich stets auf Kosten des unglücklichen Volkes bezahlt werden müssen; schließlich kommt noch die oberste Verwaltung, die alles verschlingt. So viele Steuerlasten erschöpfen die Untertanen fortwährend; durch diese verschiedenen Abstufungen werden sie nicht etwa besser regiert, sondern es ergeht ihnen weit schlimmer, als wenn sie es nur mit einer einzigen Verwaltung zu tun hätten. Für außerordentliche Fälle bleiben kaum noch Hilfsmittel übrig, und muß man wirklich zu ihnen seine Zuflucht nehmen, dann steht der Staat regelmäßig am Vorabende seines Unterganges.

Das ist noch nicht alles: die Regierung hat nicht nur weniger Gewalt und Schnelligkeit, um die Gesetze beobachten zu lassen, Bedrückungen zu wehren, Mißbräuche abzustellen, aufrührerischen Unternehmungen vorzubeugen, die in entfernten Gegenden stattfinden können, sondern das Volk hat auch weniger Liebe zu seinen Vorgesetzten, die es nie sieht, zu seinem Vaterlande, das ihm wie die Welt erscheint, und zu seinen Mitbürgern, die ihm größtenteils fremd sind. Für so viele verschiedene Provinzen mit verschiedenen Sitten und unter entgegengesetzten Himmelsstrichen gelegen, die nicht dieselbe Regierungsform vertragen, können die gleichen Gesetze unmöglich angemessen sein. Verschiedene Gesetze erzeugen dagegen unter den Völkern, die infolgedessen, daß sie unter denselben Behörden und in unaufhörlicher Verbindung leben, sich gegenseitig besuchen und untereinander verheiraten und, da sie verschiedenen Gewohnheiten unterworfen sind, doch nicht wissen, ob ihnen ihr Erbteil auch gesichert ist, Unruhe und Verwirrung. Unter einer so großen Schar einander unbekannter Menschen, die der Sitz der höchsten Regierung an dem gleichen Orte vereinigt, bleiben die Talente vergraben., die Tugenden ohne Anerkennung, die Laster ungestraft. Die mit Geschäften überbürdeten Vorgesetzten sehen nichts mit eigenen Augen; Unterbeamte regieren den Staat. Endlich nehmen die Maßregeln, die die Aufrechterhaltung der Regierungsgewalt erforderlich macht, weil sich ihr so viele entfernte Beamte zu entziehen oder sich über sie hinwegzusetzen suchen, alle staatlichen Bemühungen in Anspruch; für das Glück des Volkes bleibt von ihnen nichts übrig; kaum sorgt man im Notfalle für seine Verteidigung. Auf diese Weise schwächt sich ein in bezug auf seine Zusammensetzung zu großer Körper und sinkt unter seiner eigenen Last zerschmettert zusammen.

Andererseits muß sich der Staat eine sichere Grundlage geben, die ihm Festigkeit verleiht, um den unausbleiblichen Erschütterungen widerstehen und die Anstrengungen aushalten zu können, zu denen ihn seine Erhaltung zwingen wird; denn alle Völker haben eine gewisse Zentrifugalkraft, vermöge deren sie unaufhörlich aufeinander einwirken und sich auf Kosten ihrer Nachbarn zu vergrößern streben wie die Gedankenstrudel des Descartes. So laufen die Schwachen denn Gefahr, bald verschlungen zu werden, und keiner kann sich anders erhalten, als daß er sich mit allen in eine Art Gleichgewicht setzt, das den Druck nach allen Seiten ungefähr gleichmäßig macht.

Hieraus geht klar hervor, daß es sowohl Gründe zur Erweiterung wie Gründe zur Einengung gibt, und es ist nicht das unbedeutendste Talent des Staatsmannes, zwischen den einen wie den anderen das der Erhaltung des Staates günstigste Verhältnis zu finden. Im allgemeinen kann die Behauptung aufgestellt werden, daß die ersteren, da sie nur äußerlich und relativ sind, den letzteren als den innerlichen und allgemeingültigen untergeordnet sein müssen. Eine gesunde und starke Verfassung muß zunächst erstrebt werden, und man darf sich mehr auf die Kraft verlassen, die aus einer guten Regierung hervorgeht, als auf die Hilfsmittel, die ein großes Gebiet darbietet.

Übrigens hat es so eigentümlich organisierte Staaten gegeben, daß ihre eigene Verfassung die Notwendigkeit zu Eroberungen zur Folge hatte und sie zu ihrer Erhaltung gezwungen waren, sich unaufhörlich zu vergrößern. Wie stolz sie auf diese wunderliche Notwendigkeit vielleicht auch waren, so enthüllte sie ihnen doch auf dem höchsten Gipfel ihrer Größe den unvermeidlichen Augenblick ihres Falles.

10. Kapitel

Fortsetzung

Man kann einen politischen Körper auf zweierlei Weise messen, nämlich nach dem Gebietsumfange und nach der Volksmenge, und zwischen diesen beiden Maßstäben findet sich das richtige Verhältnis zur Bestimmung der wahren Größe des Staates. Die Menschen bilden den Staat, und der Erdboden ernährt die Menschen; das Verhältnis beruht folglich darauf, daß das Land zum Unterhalte seiner Bewohner genügt und so viele Menschen auf ihm wohnen, wie es zu ernähren vermag. In diesem Gleichmaße liegt das Maximum der Kraft einer gegebenen Volksmenge; denn ist das Gebiet zu groß, so ist die Beschützung der Grenzen beschwerlich, die Bebauung ungenügend, der Ertrag über das Notwendige hinausgehend; dies ist die nächste Veranlassung zu Verteidigungskriegen. Im umgekehrten Falle hängt der Staat, um sich das Fehlende zu verschaffen, lediglich von der Willkür seiner Nachbarn ab, und hierin liegt wieder die nächste Veranlassung zu Angriffskriegen. Jedes Volk, das wegen seiner Lage nur die Wahl zwischen Handel und Krieg hat, ist an und für sich schwach, hängt von seinen Nachbarn wie von den Ereignissen ab und hat nur ein unsicheres und kurzes Dasein. Es unterjocht und verändert seine Lage oder es wird unterjocht und vernichtet. Nur durch Kleinheit oder Größe kann es sich frei erhalten.

Ein festes Verhältnis zwischen der Ausdehnung des Landes und der Anzahl der Menschen, wie sie füreinander genügen, läßt sich nicht berechnen, denn die verschiedenen Eigenschaften des Bodens, die Grade seiner Fruchtbarkeit, die Natur seiner Erzeugnisse, der Einfluß des Klimas, das alles ist ebenso verschieden, wie es die Temperamente der Bewohner sind, von denen ein Teil in einem fruchtbaren Lande wenig und wieder ein anderer auf einem undankbaren Boden viel verzehrt. Ferner muß die größere oder geringere Fruchtbarkeit der Frauen, muß die der Bevölkerung mehr oder weniger günstige Eigentümlichkeit des Landes, muß endlich auch die Leistungsfähigkeit berücksichtigt werden, die der Gesetzgeber Hoffnung hat durch seine Einrichtungen herbeizuführen, so daß er sein Urteil nicht auf das Sichtbare, sondern auf das Voraussichtliche stützen, nicht bei dem gegenwärtigen Stande der Bevölkerung, sondern bei demjenigen stehenbleiben muß, den sie der Natur gemäß erreichen soll. Endlich gibt es noch tausenderlei Fälle, in denen es besondere Eigenschaften des Landes erfordern oder doch gestatten, daß man ein größeres Gebiet einnimmt, als nötig erscheint. In einer gebirgigen Gegend wird man sich über ein großes Gebiet ausbreiten müssen, da in ihr die natürlichen Erzeugnisse, nämlich Holz und Viehweiden, weniger Arbeit verlangen, die Frauen der Erfahrung nach fruchtbarer als in den Ebenen sind, und der wellenförmige Boden nur wenige ebene Flächen darbietet, die doch allein für die Pflanzenwelt geeignet sind. An der Meeresküste dagegen kann man selbst zwischen Felsen und auf fast unfruchtbaren Sandflächen enger nebeneinander wohnen, weil hier die Fischerei zum großen Teile die Produkte des Landes zu ersetzen vermag, die Bewohner zur Zurückweisung der Seeräuber dichter zusammengedrängt sein müssen, und man außerdem mehr Gelegenheit hat, die überzählige Volksmenge durch Kolonien abzuleiten.

Zu diesen zur Gründung eines Volkes erforderlichen Bedingungen muß man noch eine hinzufügen, die allerdings nicht imstande ist, irgendeine der anderen zu ersetzen, ohne die jedoch alle vergeblich sind: es muß Überfluß und Frieden herrschen; denn die Zeit der Ordnung eines Staates gleicht der der Formierung einer Streitmacht, in der sie am wenigsten zum Widerstande fähig und am leichtesten zu vernichten ist. Man würde bei völliger Unordnung besser Widerstand leisten können als im Augenblicke der Gärung, in dem sich jeder mit seinem Platze in Reih und Glied und nicht mit der Gefahr beschäftigt. Entsteht in solcher kritischen Zeit plötzlich ein Krieg, eine Hungersnot, ein Aufruhr, so bricht der Staat rettungslos zusammen.

Ich weiß sehr wohl, daß gerade während solcher Stürme viele Regierungen gegründet worden sind, aber dann sind es eben die Regierungen selbst, die den Staat zerstören. Stets führen Thronräuber solche Zeiten der Verwirrung herbei oder benutzen sie wenigstens, um unter dem allgemeinen Schrecken zerstörende Gesetze einzuführen, die das Volk mit kaltem Blute nie annehmen würde. Die Wahl des Augenblicks zur Gründung eines Staates ist eines der sichersten Kennzeichen, an denen man das Werk des Gesetzgebers von dem des Tyrannen unterscheiden kann.

Welches Volk ist denn aber zur Annahme von Gesetzen fähig? Ein durch irgendeine Einheit des Ursprungs, des Interesses oder der Übereinkunft verbundenes, das noch nicht das wahre Joch der Gesetze getragen hat; ein noch nicht von Gewohnheiten und Aberglauben behaftetes; ein Volk, das nicht zu befürchten braucht, durch irgendeinen plötzlichen Einfall erdrückt zu werden; das, ohne sich in die Streitigkeiten seiner Nachbarn einzulassen, einem jeden derselben allein zu widerstehen oder den einen unter Beistand des anderen zurückzutreiben vermag. Ein Volk, in dem jedes Glied allen bekannt sein kann und man niemandem eine schwerere Last aufzulegen gezwungen ist, als ein Mensch zu tragen imstande ist; das andere Völker entbehren und selbst von jedem andern Volke entbehrt werden kann, das weder arm noch reich ist und sich selbst zu genügen vermag; ein Volk endlich, das die Festigkeit eines alten Volkes mit der Gelehrigkeit eines neuen vereinigt. Was das Werk der Gesetzgebung schwierig macht, ist nicht sowohl das Einzuführende als das erst Auszurottende, und die Seltenheit des Erfolges hat ihren Grund in der Unmöglichkeit, die Einfachheit der Natur mit den Bedürfnissen der Gesellschaft vereinigt zu finden. Allerdings finden sich alle diese Bedingungen selten beieinander; deshalb haben auch wenige Staaten eine gute Verfassung.

In Europa gibt es noch ein zu einer guten Gesetzgebung fähiges Land, die Insel Korsika. Die Tapferkeit und Ausdauer, mit der dieses heldenmütige Volk seine Freiheit wiederzuerlangen und zu verteidigen verstand, verdienten wohl, daß irgendein Weiser es lehrte, seine Freiheit zu bewahren. Eine Ahnung lebt in mir, daß diese kleine Insel Europa noch einst in Erstaunen setzen wird.

11. Kapitel

Von den verschiedenen Systemen der Gesetzgebung

Bei der Untersuchung, worin denn eigentlich das höchste Wohl aller, das der Zweck eines jeden Systems der Gesetzgebung sein soll, besteht, wird man finden, daß es auf zwei Hauptgegenstände hinausläuft, Freiheit und Gleichheit. Freiheit, weil jede Abhängigkeit des einzelnen eine ebenso große Kraft dem Staatskörper entzieht, Gleichheit, weil die Freiheit ohne sie nicht bestehen kann.

Ich habe bereits auseinandergesetzt, was bürgerliche Freiheit ist; was nun die Gleichheit anlangt, so ist unter diesem Worte nicht zu verstehen, daß alle eine durchaus gleich große Kraft und einen genau ebenso großen Reichtum besitzen, sondern daß die Gewalt jede Gewalttätigkeit ausschließt und sich nur kraft der Gesetze und der Stellung im Staate äußern darf, daß ferner kein Staatsbürger so reich sein darf, um sich einen andern kaufen zu können, noch so arm, um sich verkaufen zu müssen. Dies setzt auf seiten der Großen Mäßigung des Vermögens und des Ansehns, und auf seiten der Kleinen Mäßigung des Geizes und der Habsucht voraus.

Diese Gleichheit halten nun einige für eine politische Träumerei, die nicht in der Praxis existieren könne. Wenn jedoch der Mißbrauch unvermeidlich ist, folgt daraus, daß man ihn nicht wenigstens einschränken muß? Weil der Lauf der Dinge stets auf die Zerstörung der Gleichheit ausgeht, deshalb muß gerade die Kraft der Gesetzgebung stets auf ihre Erhaltung ausgehen.

Allein die allgemeinen Gegenstände jeder guten Verfassung müssen in jedem Lande je nach den Verhältnissen, die sowohl durch die örtliche Lage als auch durch den Charakter der Bewohner hervorgerufen werden, einer Änderung unterliegen, und auf Grund dieser Verhältnisse muß man jedem Volke ein besonderes Verfassungssystem nachweisen, das, wenn auch nicht an und für sich, doch für den betreffenden Staat das beste ist. Ist zum Beispiel der Boden undankbar und unfruchtbar, oder das Land für seine Bewohner zu eng, so pfleget Industrie und Künste und tauschet ihre Erzeugnisse gegen die Waren ein, die euch mangeln. Besteht euer Gebiet im Gegenteil aus reichen Ebenen und fruchtbaren Hügeln, und fehlt es euch auf einem guten Boden an Bewohnern, so treibet vor allen Dingen Ackerbau, der die Menschen vermehrt, und haltet die Künste fern, die nur die Entvölkerung des Landes vollenden würden, indem sich die wenigen Bewohner, die es zählt, auf einigen Punkten des Gebietes ansammeln. Wohnt ihr an ausgedehnten und bequemen Küsten, bedecket ihr das Meer mit Schiffen, betreibet ihr Handel und Schiffahrt, so werdet ihr eine glänzende, wenn auch nur kurze Existenz haben. Bespült das Meer an euren Küsten nur fast unersteigliche Felsenwände, so bleibet Barbaren und nähret euch von Fischen; ihr werdet dabei ruhiger leben, vielleicht besser und sicherlich glücklicher sein. Mit einem Worte, außer den für alle gültigen Grundsätzen besitzt jedes Volk irgendeinen Grund, der ihre Anwendung in einer besonderen Weise verlangt und seine Gesetzgebung für jedes andere Volk ungeeignet macht. So bildete ehemals bei den Hebräern und in neuerer Zeit bei den Arabern die Religion den Hauptgegenstand, bei den Athenern die Wissenschaften, in Karthago und Tyrus der Handel, in Rhodus die Seemacht, in Sparta der Krieg und in Rom die Tapferkeit. Der Verfasser des Geistes der Gesetze hat in einer Menge von Beispielen gezeigt, mit welcher Geschicklichkeit der Gesetzgeber die Verfassung auf jedem dieser Gegenstände zu begründen vermag.

Was der Verfassung eines Staates wirkliche Festigkeit und Dauerhaftigkeit verleiht, ist eine derartige Beobachtung aller Rücksichten, daß die natürlichen Verhältnisse und die Gesetze sich stets in denselben Punkten vereinigen und letztere jene gleichsam nur bestätigen, begleiten und berichtigen. Legt jedoch der Gesetzgeber in irriger Beurteilung seines Gegenstandes ein anderes Prinzip zugrunde als das sich aus der Natur der Dinge ergebende, bezweckt das eine Knechtschaft und das andere Freiheit, das eine Reichtum und das andere Volksmenge, das eine Frieden und das andere Eroberungen: dann wird man gewahren, wie die Gesetze nach und nach ungültig werden, die Verfassung ausartet, und der Staat so lange in unaufhörlicher Unruhe bleibt, bis er zerstört oder verwandelt ist, und die unüberwindliche Natur ihre Herrschaft wiedergewonnen hat.

12. Kapitel

Einteilung der Gesetze

Um das Ganze anzuordnen oder dem Gemeinwesen die bestmögliche Gestalt zu geben, müssen verschiedene Beziehungen berücksichtigt werden. Zunächst, was die Wirkung des ganzen Körpers auf sich selbst betrifft, das heißt die Beziehung des Ganzen auf das Ganze oder des Oberhauptes auf den Staat, so wird dieses Verhältnis, wie wir später sehen werden, durch das der Zwischenglieder gebildet.

Die Gesetze, die dieses Verhältnis ordnen, heißen Staatsgesetze und werden auch, wenn sie vernünftig sind, nicht ohne Ursache Grundgesetze genannt, denn wenn es in jedem Staate nur eine gute Art und Weise gibt, sie zu ordnen, so muß sich das Volk, das sie ausfindig gemacht hat, an sie halten; wenn nun aber die eingeführte Ordnung schlecht ist, weshalb sollte man dann Gesetze, die sie verhindern, gut zu sein, als Grundgesetze ansehen? In jedem strittigen Falle ist überdies ein Volk befugt, seine Gesetze, und selbst die allerbesten, abzuändern; denn wenn es Gefallen daran findet, sich selbst zu schaden, wer ist berechtigt, es davon abzuhalten?

Die zweite Beziehung ist die der Glieder unter sich oder auf den ganzen Körper, und diese Beziehung muß in erster Hinsicht so schwach und in zweiter so bindend als möglich sein, so daß jeder Staatsbürger von allen anderen vollkommen unabhängig ist und sich dem Gemeinwesen gegenüber in äußerster Abhängigkeit befindet; beides wird stets durch die gleichen Mittel herbeigeführt, denn nur die Stärke des Staates bildet die Freiheit seiner Glieder. Aus dieser zweiten Beziehung entspringen die bürgerlichen Gesetze.

Man kann noch eine dritte Beziehung zwischen dem Menschen und Gesetze, und zwar die von Ungehorsam und Strafe, ins Auge fassen, und diese bewirkt die

Feststellung der Kriminalgesetze, die im Grunde nicht sowohl eine besondere Art von Gesetzen als vielmehr die Sanktion aller übrigen sind.

Zu diesen drei Arten von Gesetzen tritt noch die vierte, die wichtigste von allen hinzu. Es sind Gesetze, die nicht in Erz und Marmor, sondern in die Herzen der Staatsbürger eingegraben werden; die den eigentlichen Kern der Staatsverfassung ausmachen; die von Tag zu Tag neue Kraft gewinnen; die, wenn die anderen Gesetze veralten oder erlöschen, sie neu beleben oder ersetzen, das Volk in dem Geiste seiner Verfassung erhalten und an die Stelle der Macht der öffentlichen Gewalt unmerklich die Macht der Gewohnheit setzen. Ich spreche von den Sitten, den Gebräuchen und vor allem von der öffentlichen Meinung, einem Teile der Staatskunst, der den Staatsmännern völlig unbekannt zu sein pflegt, obgleich von ihm der Erfolg aller anderen abhängt, einem Teile der Staatskunst, mit dem sich der große Gesetzgeber im geheimen viel beschäftigt, während er sich auf einzelne Verordnungen zu beschränken scheint, die doch nur die Kuppel des Gewölbes sind, zu dem die sich langsamer entwickelnden Sitten den unverrückbaren Schlußstein bilden.

Unter diesen verschiedenen Klassen haben allein die politischen Gesetze, die die Regierungsform bestimmen, auf meinen Gegenstand Bezug.

Drittes Buch

Bevor wir von den verschiedenen Regierungsformen reden, wollen wir die eigentliche Bedeutung dieses Wortes, das bisher noch nicht erschöpfend erklärt ist, zu bestimmen suchen.

1. Kapitel

Von der Regierung im allgemeinen

Ich mache den Leser im voraus darauf aufmerksam, daß dieses Kapitel mit Bedacht gelesen sein will, und daß mir die Kunst abgeht, mich Leuten, die es an Aufmerksamkeit fehlen lassen, verständlich zu machen.

Jede freie Handlung hat zwei Ursachen, die zu ihrer Hervorbringung zusammenwirken, eine geistige, und zwar den Willen, der den Beschluß dazu faßt, und eine physische, nämlich die Kraft, die sie zur Ausführung bringt. Um zu einem Gegenstande hinzugehen, muß ich erstens gehen wollen; zweitens müssen mich die Füße zu ihm tragen. Ob ein Gelähmter laufen will oder ein flinker Mann es nicht will, sie werden beide an ihrer Stelle bleiben. Der politische Körper hat die gleichen bewegenden Kräfte: man unterscheidet in ihm ebenfalls Kraft und Willen, letzteren unter dem Namen der gesetzgebenden Gewalt, erstere unter dem Namen der vollziehenden Gewalt. Ohne ihr Zusammenwirken geschieht oder soll wenigstens in ihm nichts geschehen.

Wie wir einsahen, gehört die gesetzgebende Gewalt dem Volke und kann nur ihm gehören. Aus den vorher dargetanen Grundsätzen läßt sich dagegen leicht ersehen, daß der Allgemeinheit als Gesetzgeberin oder Oberherrin nicht auch die vollziehende Gewalt gehören darf, weil diese nur mit einzelnen Rechtsgeschäften zu tun hat, die außerhalb des Gesetzesbereiches und mithin auch des Staatsoberhauptes liegen, von dem nichts als Gesetze ausgehen können.

Der Staatsgewalt ist folglich ein eigener Geschäftsführer nötig, der sie zusammenfaßt und nach der Anleitung des allgemeinen Willens in Tätigkeit setzt, der die Verbindung zwischen dem Staate und dem Oberhaupte herstellt, der in der Person des Staates gewissermaßen dasselbe verrichtet, was die Verbindung der Seele und des Körpers in dem Menschen hervorruft. Im Staate ist dies die Vernunft der Regierung, die fälschlicherweise gar oft mit dem Oberhaupte verwechselt wird, obgleich sie nur dessen Werkzeug ist.

Was ist denn nun die Regierung? Ein vermittelnder Körper, der zwischen den Untertanen und dem Staatsoberhaupte zu ihrer gegenseitigen Verbindung eingesetzt und mit der Vollziehung der Gesetze und der Aufrechterhaltung der bürgerlichen wie der politischen Freiheit betraut ist.

Die Glieder dieses Körpers heißen Obrigkeiten oder Könige, das heißt Herrscher, und der ganze Körper führt den Namen Fürst.So nennt man in Venedig den Senat „Durchlauchtigster Fürst", auch wenn der Doge nicht anwesend ist.Demnach haben diejenigen, die behaupten, daß der Akt, durch den sich ein Volk seinen Häuptern unterwirft, kein Vertrag sei, durchaus recht. Es ist lediglich ein Auftrag, ein Amt, in dem einfache Beamte des Staatsoberhauptes in seinem Namen die Macht ausüben, die er ihnen übertragen hat, und die er, sobald es ihm gefällt, beschränken, abändern und ganz zurücknehmen kann. Da die Veräußerung eines solchen Rechtes mit der Natur des Gesellschaftskörpers unvereinbar ist, so widerspricht sie dem Zwecke der Verbindung.

Als Regierung oder höchste Verwaltung bezeichne ich also die rechtmäßige Ausübung der vollziehenden Gewalt, und Fürst oder Obrigkeit nenne ich den Mann oder die Behörde, die mit dieser Verwaltung beauftragt ist.

In der Regierung befinden sich also die vermittelnden Kräfte, deren Beziehungen das Verhältnis des Ganzen zum Ganzen, des Staatsoberhauptes zum Staat bilden. Dieses letztere Verhältnis kann man als das der beiden äußersten Glieder einer stetigen Proportion zueinander darstellen, deren mittlere Proportionale die Regierung ist. Die Regierung erhält vom Staatsoberhaupte die Befehle, die sie dem Volke gibt, und damit der Staat im Gleichgewicht bleibt, muß, alles in allem berechnet, zwischen dem Produkte oder der Macht der Regierung an sich selbst und an dem Produkte oder der Macht der Bürger, die einerseits Staatsoberhaupt und andererseits Untertanen sind, Gleichheit stattfinden.

Noch mehr, man vermag keines dieser drei Glieder zu ändern, ohne sofort das Verhältnis aufzulösen. Wenn das Staatsoberhaupt regieren oder die Obrigkeit Gesetze geben will oder die Untertanen den Gehorsam verweigern, so folgt in der Regel Aufruhr. Macht und Wille handeln nicht mehr im Einklang, und der aufgelöste Staat wird auf diese Weise eine Beute des Despotismus oder der Anarchie. Kurz, wie es in jedem Verhältnis nur eine mittlere Proportionale gibt, so gibt es auch in einem Staate nur eine gute Regierung; da indessen tausenderlei Ereignisse die Verhältnisse eines Volkes ändern können, so können verschiedene Regierungen nicht nur für verschiedene Völker, sondern auch für dasselbe Volk in verschiedenen Zeiten tauglich und nützlich sein.

Um von den verschiedenen Verhältnissen, die zwischen den äußeren Gliedern stattfinden können, eine einigermaßen deutliche Vorstellung zu geben, will ich die Volkszahl zum Beispiel nehmen, da sie ein am leichtesten auszudrückendes Verhältnis bildet.

Nehmen wir an, daß der Staat aus zehntausend Bürgern bestehe. Das Staatsoberhaupt kann nur in der Gesamtheit und im ganzen betrachtet werden; jeder einzelne kommt dagegen als Untertan für sich allein in Betracht. Demnach verhält sich das Staatsoberhaupt zum Untertan wie zehntausend zu einem, das heißt, jedes Glied des Staates besitzt nur den zehntausendsten Teil der oberherrlichen Gewalt, obgleich er ihr gänzlich unterworfen ist. Gesetzt den Fall, das Volk bestehe aus hunderttausend Bürgern, so ändert sich die Stellung der Untertanen dadurch nicht, und jeder trägt in gleicher Weise die ganze

Herrschaft der Gesetze, während seine auf den hunderttausendsten Teil zurückgeführte Stimme bei der Abfassung der Gesetze einen zehnmal geringeren Einfluß ausübt. Während nun der Untertan stets eins bleibt, nimmt das Verhältnis des Staatsoberhauptes mit der wachsenden Anzahl der Staatsbürger zu. Hieraus folgt, daß die Freiheit mit der Vergrößerung des Staates stetig abnimmt.

Wenn ich sage, das Verhältnis nehme zu, so verstehe ich darunter, daß es sich von der Gleichheit entfernt. Je größer also das Verhältnis im mathematischen Sinne ist, desto kleiner ist es im gewöhnlichen. Im ersteren Sinne wird das Verhältnis der Zahl nach betrachtet und mit Hilfe des Exponenten gemessen, im letzteren seiner Identität nach betrachtet und seiner Ähnlichkeit nach veranschlagt.

Je weniger nun der Wille der einzelnen mit dem allgemeinen, das heißt, je weniger die Sitten mit den Gesetzen übereinstimmen, desto mehr muß die hemmende Kraft zunehmen. Eine Regierung muß deshalb, will sie anders gut sein, mit der wachsenden Volkszahl immer stärker werden.

Da andererseits die Vergrößerung des Staates den Trägern der Staatsgewalt mehr Versuchungen und Mittel gibt, ihre Macht zu mißbrauchen, so muß die Regierung größere Gewalt bekommen, das Volk in Schranken, und der Fürst seinerseits ebenfalls, um die Regierung im Zaume zu halten. Ich spreche hier nicht von einer unumschränkten Gewalt, sondern von der relativen Gewalt der verschiedenen Teile des Staates.

Aus diesem doppelten Verhältnisse ergibt sich, daß die stetige Proportion zwischen Staatsoberhaupt, Fürst und Volk nicht etwa eine willkürliche Idee ist, sondern eine notwendige Folge der Natur des politischen Körpers. Ferner folgt daraus: da eines der äußeren Glieder, und zwar das Volk als Untertan unveränderlich ist und durch die Einheit dargestellt wird, so muß, so oft das doppelte Verhältnis zu- oder abnimmt, auch das einfache in gleicher Weise zu- oder abnehmen, und folglich das mittlere Glied verändert werden. Dies beweist, daß es keine an sich vorzügliche und unbedingt gute Regierungsverfassung gibt, sondern daß es ebenso viele ihrem Wesen nach verschiedene Regierungen geben kann wie ihrer Größe nach verschiedene Staaten.

Wollte man dieses System ins Lächerliche ziehen und sagen, daß man, um diese mittlere Proportionale zu finden und den Regierungskörper zu bilden, nach meiner Beweisführung nur die Quadratwurzel aus der Volkszahl zu ziehen brauche, so würde ich erwidern, daß ich die Zahl nur als Beispiel anwende; daß sich die Verhältnisse, von denen ich rede, nicht allein nach der Zahl der Menschen berechnen lassen, sondern auch im allgemeinen nach der Summe der Tätigkeit, die sich aus der Menge der Ursachen ergibt; daß ich übrigens, wenn ich auch, um mich kürzer auszudrücken, einen Augenblick lang der Mathematik einige Ausdrücke entlehne, trotzdem sehr wohl weiß, daß bei geistigen Größen keine mathematische Bestimmtheit stattfindet.

Die Regierung ist im kleinen, was der politische Körper, der sie in sich schließt, im großen ist: eine geistige, mit gewissen Fähigkeiten ausgestattete Person, tätig wie das Staatsoberhaupt, leidend wie der Staat und fähig, sich in andere ähnliche Verhältnisse zerlegen zu lassen. In dem Moment entsteht eine neue Proportion und in dieser immer wieder eine andere, je nach der Reihenfolge der Zerlegungen, bis man schließlich zu einem unteilbaren Mittelgliede gelangt, das heißt zu einem einzigen Oberhaupte oder zu einer höchsten Behörde, die man sich inmitten dieser Progression wie die Einheit zwischen der Reihe der Brüche und der der Zahlen vorstellen kann.

Um uns nicht durch Vervielfältigung der Ausdrücke zu verwirren, wollen wir uns damit begnügen, die Regierung als einen neuen Körper im Staate zu betrachten, der vom Volke wie vom Staatsoberhaupte unterschieden und der Vermittler zwischen beiden ist.

Zwischen diesen beiden Körpern besteht der wesentliche Unterschied, daß der Staat durch sich selbst und die Regierung lediglich durch das Staatsoberhaupt existiert. Mithin ist der herrschende Wille des Fürsten nichts anderes oder soll wenigstens nichts anderes sein als der allgemeine Wille oder das Gesetz; seine Gewalt ist nur die in ihm vereinte Staatsgewalt; sobald er aus eigener Kraft irgendeinen willkürlichen und unabhängigen Akt vornehmen will, beginnt das Band des Ganzen sich zu lockern. Träte endlich der Fall ein, daß der Fürst einen besonderen Willen hätte, der tätiger als der des Staatsoberhauptes wäre, und er die in seinen Händen ruhende Staatsgewalt anwendete, um diesem besonderen Willen Gehorsam zu verschaffen, so daß man gleichsam zwei Oberhäupter hätte, eins dem Rechte und das andere der Tat nach, so würde sofort die gesellschaftliche Vereinigung aufgehoben und der politische Körper aufgelöst sein.

Damit der Regierungskörper indessen wirkliches Dasein und Leben erhalte, das ihn vom Staatskörper unterscheidet; damit alle seine Glieder in

Übereinstimmung wirken und dem Zwecke entsprechen können, für den er bestimmt ist, hat er ein besonderes Ich nötig, ein seinen Gliedern gemeinschaftliches Gefühl der Zusammengehörigkeit, eine eigentümliche auf seine Erhaltung gerichtete Kraft und einen ebensolchen Willen. Dieses besondere Dasein setzt Zusammenkünfte, Beratungen, das Vermögen, zu erwägen und Beschlüsse zu fassen, sowie Rechte, Rechtsansprüche und Privilegien voraus, die dem Fürsten ausschließlich zustehen und den Stand der Obrigkeit um so ehrenvoller machen, je größere Mühe mit ihm verbunden ist. Die Schwierigkeit beruht darauf, dieses untergeordnete Ganze in dem Staatsganzen dergestalt zu ordnen, daß es die allgemeine Verfassung nicht durch Befestigung seiner eigenen ändere, daß es stets die zu seiner eigenen Erhaltung bestimmte besondere Gewalt von der Staatsgewalt, die zur Erhaltung des Staates dienen soll, unterscheide; kurz, daß es beständig bereit sei, die Regierung dem Volke und nicht das Volk der Regierung aufzuopfern.

Obgleich übrigens der künstliche Körper der Regierung das Werk eines andern künstlichen Körpers ist und gewissermaßen nur ein geliehenes und untergeordnetes Leben besitzt, so kann sie trotzdem mit mehr oder weniger Kraft und Geschwindigkeit handeln und sich sozusagen einer stärkeren oder schwächeren Gesundheit erfreuen. Endlich kann sie, ohne sich geradezu von dem Zwecke ihrer Einsetzung zu entfernen, je nach der Art ihrer Verfassung mehr oder weniger davon abweichen.

Aus allen diesen Verschiedenheiten gehen nur die verschiedenen Verhältnisse hervor, die zwischen der Regierung und dem Staatskörper bestehen müssen je nach den zufälligen und besonderen Beziehungen, infolge deren dieser Staat in unaufhörlicher Umwandlung begriffen ist. Denn oft wird die an sich beste Regierung die fehlerhafteste sein, wenn ihre Verhältnisse nicht nach den Mängeln des politischen Körpers, dem sie angehört, abgeändert werden.

2. Kapitel

Von dem Prinzip, das die verschiedenen Regierungsformen begründet

Um den allgemeinen Grund dieser Verschiedenheiten auseinanderzusetzen, muß ich hier das Prinzip und die Regierung unterscheiden, wie ich vorhin den Staat und das Staatsoberhaupt unterschieden habe.

Der obrigkeitliche Körper kann aus einer größeren oder kleineren Anzahl von Gliedern bestehen. Die Beziehung des Staatsoberhauptes zu den Untertanen war, wie ich gesagt habe, um so größer, je zahlreicher das Volk ist; und nach einer augenscheinlichen Analogie kann dies in gleicher Weise von der Regierung im Hinblick auf die obrigkeitlichen Personen behauptet werden.

Da nun die Gesamtkraft der Regierung gleichzeitig stets die des Staates ist, so kann sie sich nie ändern, woraus folgt, daß ihr, je mehr sie von dieser Kraft auf ihre eigenen Glieder verwendet, um so weniger übrigbleibt, um auf das ganze Volk zu wirken.

Je zahlreicher die obrigkeitlichen Personen sind, desto schwächer ist demnach die Regierung. Da dies ein Hauptgrundsatz ist, so wollen wir besonders darauf achten, ihn so klar wie möglich darzustellen.

In der obrigkeitlichen Person können wir drei wesentlich verschiedene Willen unterscheiden: erstens den eigenen Willen jeder einzelnen, der nur ihren Privatvorteil bezweckt; zweitens den gemeinschaftlichen Willen sämtlicher obrigkeitlichen Personen, der sich einzig und allein auf den Vorteil des Fürsten bezieht und den man den Standeswillen nennen kann. Im Hinblick auf die Regierung ist dieser Wille ein allgemeiner und im Hinblick auf den Staat, von dem die Regierung einen Teil ausmacht, ein Privatwille; der dritte Wille ist der des Volkes oder der oberherrliche Wille, der sowohl im Hinblick auf den Staat als Ganzes als auch im Hinblick auf die Regierung als Teil des Ganzen der allgemeine ist.

In einer vollkommenen Gesetzgebung darf der besondere oder einzelne Wille keine Bedeutung haben, der Standeswille muß der Regierung völlig untergeordnet und folglich der allgemeine oder oberherrliche Wille beständig der herrschende und die einzige Richtschnur aller anderen sein.

Der Regel nach werden dagegen diese verschiedenen Willen immer wirksamer, je mehr sie einen gemeinsamen Punkt erstreben. So ist der allgemeine Wille stets der schwächste, der Standeswille nimmt die zweite und der Privatwille die erste Stelle ein, so daß in der Regierung jedes Glied zuerst in seiner eigenen Person, dann als obrigkeitliche Person und zuletzt als Staatsbürger auftritt, eine Stufenfolge, die der von der gesellschaftlichen Ordnung verlangten völlig widerstreitet.

Befindet sich nun, dies vorausgeschickt, die Regierung in den Händen eines einzigen, so ist der Privatwille und der Standeswille vollkommen eins und letzterer folglich auf die höchste Stufe innerer Kraft gelangt, die er überhaupt erreichen kann. Da nun der Gebrauch der Kraft von dem Grade des Willens abhängt, und die unbedingte Kraft der Regierung unveränderlich ist, so folgt daraus, daß unter den Regierungen die eines einzigen die wirksamste ist.

Vereinen wir dagegen die Regierung mit der gesetzgebenden Gewalt, verwandeln wir uns das Staatsoberhaupt in die Fürsten und alle Staatsbürger in ebenso viele obrigkeitliche Personen, so wird der Standeswille, da er in den allgemeinen übergegangen ist, nicht mehr Wirksamkeit als dieser haben und dem Privatwillen seine ganze Kraft lassen. So wird sich die Regierung, obwohl ihre absolute Kraft immer die gleiche ist, in dem Minimum ihrer relativen Kraft oder Wirksamkeit befinden.

Diese Beziehungen sind unbestreitbar, und andere Betrachtungen dienen noch zu ihrer Bestätigung. Man macht zum Beispiel die Wahrnehmung, daß jede obrigkeitliche Person auf ihren Körper eine größere Einwirkung ausübt als jeder Staatsbürger auf den seinigen, und daß mithin der Privatwille weit mehr Einfluß auf die Handlungen der Regierung als auf die des Staatsoberhauptes hat; denn jede obrigkeitliche Person ist fast immer mit irgendeinem Regierungsgeschäfte betraut, während kein Staatsbürger einzeln genommen irgendein Geschäft der Staatshoheit zu verrichten hat. Je mehr sich überdies der Staat erweitert, desto mehr nimmt seine wirkliche Kraft zu, wenn auch nicht im Verhältnis seiner Ausdehnung. Bleibt sich der Staat jedoch gleich, so gewinnt die Regierung, so sehr sich die obrigkeitlichen Personen auch vermehren, dadurch doch keine größere wirkliche Macht, weil diese Kraft dem Staate angehört, der stets ein gleiches Maß hat. Auf diese Weise vermindert sich die relative Stärke oder die Wirksamkeit der Regierung, ohne daß ihre absolute oder wirkliche Stärke zunehmen kann.

Ferner ist es zweifellos, daß die Abwicklung der Geschäfte langsamer wird, je mehr Leute dabei beteiligt sind, und daß man bei zu großem Verlassen auf die eigene Klugheit mit dem Glück nur wenig rechnet. Man läßt sich dann eine günstige Gelegenheit nur zu leicht entgehen und verliert durch ewiges Überlegen oft die Frucht der Überlegung. So habe ich denn bewiesen, daß die Regierung um so schlaffer wird, je mehr die obrigkeitlichen Personen zunehmen, und vorher habe ich bereits den Nachweis geliefert, daß die einschränkende Macht wachsen muß, je größer die Volkszahl wird. Hieraus folgt, daß das Verhältnis der obrigkeitlichen Personen zu der Regierung das umgekehrte des Verhältnisses der Untertanen zum Staatsoberhaupte sein muß, das heißt, je mehr sich der Staat vergrößert, desto mehr muß sich die Regierung zusammenziehen, so daß mit der wachsenden Volksmenge die Zahl der Vorgesetzten stetig abnimmt.

Übrigens spreche ich hier nur von der relativen Stärke der Regierung und nicht von ihrem richtigen Verhältnisse; denn je zahlreicher dagegen die obrigkeitlichen Personen sind, desto mehr nähert sich ihr Standeswille dem allgemeinen Willen, während, wie ich bereits gesagt, unter einer einzigen obrigkeitlichen Person dieser gleiche Standeswille nur den Charakter des Privatwillens annimmt. So verliert man auf der einen Seite, was man möglicherweise auf der anderen gewinnen kann, und die Kunst des Gesetzgebers besteht darin, daß er den Punkt zu bestimmen vermag, wo die Kraft und der Wille der Regierung, stets im gegenseitigen Verhältnisse, sich in dem für den Staat vorteilhaftesten Verhältnisse vereinigen.

3. Kapitel

Einteilung der Regierungen

Aus dem vorigen Kapitel hat man gesehen, weshalb man die verschiedenen Arten oder Formen der Regierungen nach der Zahl der Glieder, die sie bilden, unterscheidet; in diesem Kapitel wollen wir nun untersuchen, wie diese Einteilung vor sich geht.

Das Staatsoberhaupt kann zunächst die Regierung dem ganzen Volke oder doch dem größten Teile des Volkes übertragen, so daß es mehr mit obrigkeitlichen Ämtern betraute Staatsbürger als bloße Privatleute gibt. Diese Regierungsform nennt man Demokratie.

Oder es kann die Regierung in die Hände weniger legen, so daß die Zahl der einfachen Staatsbürger größer als die der obrigkeitlichen Personen ist; diese Regierungsform wird Aristokratie genannt.

Endlich kann es die ganze Regierung den Händen eines einzigen anvertrauen, von dem alle anderen Obrigkeiten ihre Macht empfangen. Diese dritte Form ist die allgemeinste und heißt Monarchie oder königliche Regierung.

Hierbei ist zu beachten, daß alle diese Formen oder wenigstens die beiden ersten mehr oder weniger gestaltungsfähig sind und sogar einen ziemlich weiten Spielraum zulassen; denn die Demokratie kann das ganze Volk umfassen oder sich auf die Hälfte beschränken. Die Aristokratie kann sich ihrerseits wieder von der Hälfte des Volkes an bis auf die kleinste Zahl von unbestimmbarer Größe beschränken. Sogar das Königtum ist einer Teilung fähig. Nach seiner Verfassung hatte Sparta beständig zwei Könige, und im römischen Reiche gab es mitunter acht Kaiser auf einmal, ohne daß man hätte sagen können, das Reich wäre geteilt gewesen. Auf diese Weise gibt es einen Punkt, wo eine Regierungsform in die andere übergeht, und man sieht, daß unter nur drei Benennungen die Regierung in der Tat ebenso vieler verschiedener Formen fähig ist, wie der Staat Bürger hat.

Noch mehr: da sich eine und dieselbe Regierung in gewisser Hinsicht wieder in andere Teile zu zerlegen vermag, von denen der eine auf diese, der andere auf jene Weise verwaltet wird, so kann aus der Verbindung dieser drei Formen eine Menge vermischter Formen entstehen, deren jede mit allen einfachen Formen multiplizierbar ist.

Man hat von jeher viel über die beste Regierungsform gestritten, ohne zu berücksichtigen, daß jede einzelne in gewissen Fällen die beste und in anderen die schlechteste ist.

Wenn in den verschiedenen Staaten die Zahl der höchsten Regierungsbeamten im umgekehrten Verhältnisse mit der Zahl der Staatsbürger stehen muß, so folgt daraus, daß im allgemeinen für die kleinen Staaten die demokratische Regierung, für die mittleren die aristokratische und für die großen die monarchische die geeignetste ist. Diese Regel ist die unmittelbare Folge des aufgestellten Prinzips; aber wer vermöchte die Menge der Umstände aufzuzählen, die Ausnahmen hervorrufen können.

4. Kapitel

Von der Demokratie

Wer das Gesetz erläßt, weiß besser als jeder andere, wie es vollzogen und ausgelegt werden soll. Es scheint demnach keine bessere Verfassung geben zu können als diejenige, in der die vollziehende Gewalt mit der gesetzgebenden verbunden ist. In gewisser Hinsicht macht aber gerade dieser Umstand die demokratische Regierung unzureichend, weil bei ihr Dinge, die unterschieden werden müssen, es nicht sind, und weil Fürst und Staatsoberhaupt, die ja nur eine und dieselbe Person ausmachen, gleichsam eine Regierung ohne Regierung bilden.

Es ist nicht gut, daß der, der die Gesetze gibt, sie ausführt, auch nicht, daß der Volkskörper seine Aufmerksamkeit von den allgemeinen Zwecken abwendet, um sie auf besondere Gegenstände hinzulenken. Nichts ist gefährlicher, als der Einfluß der Privatinteressen in den öffentlichen Angelegenheiten, und der Mißbrauch der Gesetze von seiten der Regierung ist ein geringeres Übel als die Verdorbenheit des Gesetzgebers, die die unausbleibliche Folge einer Berücksichtigung der Privatabsichten ist. Da der Staat dann in seinem Wesen verdorben ist, wird jede Verbesserung unmöglich. Ein Volk, das mit der Regierungsgewalt nie Mißbrauch triebe, würde ebensowenig seine Unabhängigkeit mißbrauchen; ein Volk, das stets gut regierte, brauchte überhaupt nicht regiert zu werden.

Wenn man das Wort in der ganzen Strenge seiner Bedeutung nimmt, so hat es noch nie eine wahre Demokratie gegeben und wird es auch nie geben. Es verstößt gegen die natürliche Ordnung, daß die größere Zahl regiere und die kleinere regiert werde. Es ist nicht denkbar, daß das Volk unaufhörlich versammelt bleibe, um sich den Regierungsgeschäften zu widmen, und es ist leicht ersichtlich, daß es hierzu keine Ausschüsse einsetzen kann, ohne die Form der Verwaltung zu ändern.

Ich glaube in der Tat den Grundsatz aussprechen zu dürfen, daß, so oft die Regierungsgeschäfte unter verschiedene Behörden verteilt sind, die am wenigsten zahlreichen früher oder später die größte Macht erwerben, und wäre es auch nur die größere Leichtigkeit, die Geschäfte abzuwickeln, die sie auf natürlichem Wege dazu führt.

Wie viele schwer zu vereinigende Dinge setzt diese Regierungsform überhaupt voraus! Erstens einen sehr kleinen Staat, in dem das Volk leicht zu versammeln ist und jeder Bürger genügende Gelegenheit hat, alle anderen kennenzulernen; zweitens eine große Einfachheit der Sitten, die keine Veranlassung zu vielen schwierigen Arbeiten und Verhandlungen gibt, sodann fast vollkommene Gleichheit in bezug auf Stand und Vermögen, ohne die auch die Gleichheit der Rechte und der Macht keinen langen Bestand haben könnte; endlich wenig oder gar keinen Luxus, denn der Luxus ist entweder die Folge des Reichtums oder macht ihn nötig; er verdirbt nicht nur den Reichen, sondern auch den Armen, jenen durch den Besitz, diesen durch die Lüsternheit; er verwandelt das Vaterland in eine Stätte der Weichlichkeit und Eitelkeit; er entzieht dem Staate alle Bürger, um die einen zu Sklaven der anderen und alle zu Sklaven des Vorurteils zu machen.

Aus diesem Grunde hat ein berühmter Schriftsteller die Tugend für das Prinzip der Republik erklärt: denn ohne die Tugend könnten alle die angegebenen Bedingungen nicht bestehen; aber da er nicht die nötigen Unterscheidungen machte, hat es dieser große Geist oft an Genauigkeit, bisweilen sogar an Klarheit fehlen lassen, und nicht eingesehen, daß die oberherrliche Gewalt überall dieselbe ist und folglich in allen wohlorganisierten Staaten das Prinzip mehr oder weniger, je nach der Regierungsform, das gleiche ist.

Schließlich will ich noch bemerken, daß keine Regierung in so hohem Grade Bürgerkriegen und inneren Erschütterungen ausgesetzt ist als die demokratische oder Volksregierung, weil keine andere so heftig und so unaufhörlich nach Veränderung der Form strebt und keine mehr Wachsamkeit und Mut zur Aufrechterhaltung ihrer bestehenden Form verlangt. Namentlich in dieser Verfassung muß sich der Staatsbürger mit Kraft und Ausdauer waffnen und jeden Tag seines Lebens im Grunde seiner Seele nachsprechen, was ein edler Woiwode auf dem polnischen Reichstage sagte: Malo periculosam vitam quam quietum servitium. (Ich ziehe eine gefahrvolle Freiheit einer ruhigen Knechtschaft vor.) Gäbe es ein Volk von Göttern, so würde es sich demokratisch regieren. Eine so vollkommene Regierung paßt für Menschen nicht.

5. Kapitel

Von der Aristokratie

Wir haben es hier mit zwei streng unterschiedenen geistigen Personen zu tun, und zwar mit der Regierung und dem Staatsoberhaupte, folglich mit zwei allgemeinen Willen, von denen der eine auf alle Bürger, der andere lediglich auf die Glieder der Regierung Bezug hat. Obgleich demnach die Regierung die innere Staatsverfassung nach Belieben ordnen kann, darf sie doch zum Volke nur im Namen des Staatsoberhauptes, das heißt im Namen des Volkes selbst reden, was man nie vergessen darf.

Die ersten Gesellschaften wurden aristokratisch regiert. Die Häupter der Familien beratschlagten untereinander über die Staatsangelegenheiten. Die jungen Leute gaben ohne Widerstreben dem Ansehen der Erfahrung nach. Daher die Namen Priester, Älteste, Senat, Geronten. Die Wilden Nordamerikas werden noch heutigentags auf diese Weise regiert und zwar sehr gut regiert.

Je mehr aber die verfassungsmäßige Ungleichheit die natürliche Ungleichheit überwog, wurde Reichtum oder Macht dem Alter vorgezogen, und es entstand eine Wahlaristokratie. Als endlich mit den Gütern auch die Macht auf die Kinder übertragen und so der Grund zu Patrizierfamilien gelegt wurde, verwandelte sich die Regierung zu einer erblichen, und man konnte zwanzigjährige Senatoren sehen.

Es gibt mithin drei Arten von Aristokratie: die natürliche, die Wahl- und die Erbaristokratie. Die erste ist nur für einfache Völker geeignet; die dritte ist die schlechteste aller Regierungen. Die zweite ist die beste, sie ist die Aristokratie im eigentlichen Sinne.

Außer dem Vorteile, daß die beiden Gewalten getrennt sind, hat sie noch den, daß ihre Glieder gewählt werden, denn während bei der Volksregierung alle Bürger schon von Geburt obrigkeitliche Personen sind, beschränkt die aristokratische letztere auf eine kleine Anzahl, die erst aus den Wahlen hervorgeht, was das einzige Mittel ist, durch das Rechtschaffenheit, Einsicht, Erfahrung und alles, was sonst zum Vorzug und zur öffentlichen Achtung berechtigt, zu ebenso vielen Bürgschaften einer weisen Regierung werden.

Ja, noch mehr! Die Versammlungen können bequemer abgehalten werden; die Geschäfte lassen sich leichter erörtern und mit größerer Ordnung und Genauigkeit ausführen; auch wird durch ehrwürdige Senatoren das Ansehen des Staates den auswärtigen Mächten gegenüber besser behauptet als durch eine unbekannte oder verachtete Menge.

Mit einem Worte, es ist das beste und natürlichste Gesetz, daß die Weisesten die Masse regieren, sobald man überzeugt ist, daß ihre Regierung das allgemeine Wohl und nicht ihren eigenen Vorteil bezweckt. Man darf die Mittel nicht ohne Not vervielfältigen oder durch zwanzigtausend Menschen vollbringen, was hundert auserlesene weit besser auszurichten vermögen. Dabei darf allerdings nicht außer acht gelassen werden, daß hier das Standesinteresse anfängt, die Macht des Staates weniger nach der Vorschrift des allgemeinen Willens zu lenken, und daß eine andere unvermeidliche Neigung den Gesetzen einen Teil ihrer vollziehenden Gewalt nimmt.

Noch eine andere gute Seite hat die Aristokratie. Sie verlangt weder einen so kleinen Staat noch ein so einfaches und rechtschaffenes Volk, daß wie in einer guten Demokratie die Vollziehung der Gesetze dem allgemeinen Willen unmittelbar nachfolge. Allerdings darf die Nation auch nicht so groß sein, daß die einzelnen Häupter, um sie zu regieren, sich in ihren einzelnen Landesteilen das Ansehen des Staatsoberhauptes geben und anfangen könnten, sich unabhängig zu machen, um schließlich der unumschränkte Herr zu werden.

Wenn indessen die Aristokratie einige Tugenden weniger erfordert als die Volksregierung, so verlangt sie doch auch andere ihr besonders eigentümliche, wie Mäßigung der Reichen und Zufriedenheit der Armen; denn eine strenge Gleichheit scheint hier nicht angebracht zu sein; selbst in Sparta wurde sie nicht durchgeführt.

Wenn diese Regierungsform übrigens eine gewisse Ungleichheit des Vermögens zuläßt, so liegt der Grund doch nur darin, daß in der Regel die Verwaltung der Staatsgeschäfte Männern übertragen wird, die ihnen am leichtesten ihre ganze Zeit widmen können, nicht aber, wie Aristoteles behauptet, damit den Reichen immer der Vorzug eingeräumt werde. Im Gegenteil ist es von hoher Bedeutung, dem Volke bisweilen durch eine entgegengesetzte Wahl den Beweis zu liefern, daß in dem Verdienste der Menschen durchschlagendere Gründe zur Bevorzugung liegen als im Reichtume.

6. Kapitel

Von der Monarchie

Bis jetzt haben wir den Fürsten als eine moralische und kollektive Person betrachtet, die durch die Kraft der Gesetze vereint und Trägerin der vollziehenden Gewalt im Staate ist. Jetzt haben wir diese Gewalt als in den Händen eines leiblichen, eines wirklichen Menschen ruhend zu betrachten, der allein das Recht besitzt, nach den Gesetzen darüber zu verfügen. Ein solcher Mensch wird Monarch oder König genannt.

Völlig im Gegensatz zu anderen Regierungsformen, in denen ein kollektives Wesen ein Einzelwesen darstellt, vertritt hier ein Einzelwesen ein Kollektivwesen, so daß die moralische Einheit, die den Fürsten bildet, zugleich eine physische Einheit ist, in der alle Fähigkeiten, die das Gesetz mit so großer Anstrengung in den andern vereinigt, sich schon von Natur vereinigt finden.

So läuft der Wille des Volkes wie der Wille des Fürsten, die öffentliche Gewalt des Staates wie die besondere Gewalt der Regierung, kurz alles auf eine und dieselbe Triebfeder hinaus, alle Hebel sind in einer Hand, alles schreitet demselben Ziel entgegen; es gibt keine entgegengesetzten, einander zerstörenden Bewegungen, und man kann sich keine Art von Verfassung denken, in der eine geringere Kraftäußerung eine größere Wirkung hervorzubringen vermag. In Archimedes, der ruhig am Ufer sitzt und ein großes Schiff ohne Mühe flott macht, erblicke ich das Bild eines geschickten Monarchen, der seine ausgedehnten Staaten von seinem Kabinette aus regiert und jede Bewegung hervorruft, obgleich er selbst regungslos scheint.

Wenn es nun auch keine Regierung gibt, die größere Kraft besitzt, so gibt es dafür auch keine, in der der Privatwille mehr Macht hat und die übrigen Willen leichter zu beherrschen vermag. Alles schreitet demselben Ziele entgegen, das ist richtig; allein dieses Ziel ist nicht das allgemeine Wohl, und selbst die Stärke der Regierung ist dem Staate beständig nachteilig.

Die Könige wollen unumschränkt sein, und man ruft ihnen von fern zu, das beste Mittel dazu sei, sich die Liebe ihrer Völker zu erwerben. Dieser Satz ist sehr schön und in gewisser Hinsicht auch sehr richtig, unheilvollerweise wird man sich an den Höfen regelmäßig über ihn lustig machen. Die aus der Liebe der Völker entspringende Macht ist unzweifelhaft die größte, aber sie ist unsicher und bedingt; nie werden sich die Fürsten mit ihr begnügen. Die besten Könige begehren böse sein zu können, sobald es ihnen beliebt, ohne deshalb ihrer Macht beraubt werden zu können. Der politische Phrasendrescher hat gut reden, daß ja die Kraft des Volkes ihre eigene bilde, und es mithin zu ihrem größten Vorteile gereiche, wenn das Volk blühend, zahlreich und fruchtbar sei; sie wissen sehr wohl, daß dies unwahr ist. Ihr persönlicher Vorteil verlangt es, daß das Volk schwach, elend und unvermögend sei, ihnen je Widerstand entgegenzustellen. Bei der Annahme einer vollkommenen und steten Unterwürfigkeit der Untertanen würde es, wie ich gern gestehe, allerdings der Vorteil des Fürsten sein, daß das Volk mächtig wäre, damit diese Macht, die ja seine eigene wäre, ihn seinen Nachbarn furchtbar machte. Da dieser Vorteil indessen doch nur ein nebensächlicher und untergeordneter ist und beide Annahmen unvereinbar sind, so ist es natürlich, daß die Fürsten stets dem Satze den Vorzug geben, bei dem sie am ersten auf Nutzen rechnen können. Dies ist es, was Samuel den Israeliten eindringlich vorstellte und Macchiavelli mit größter Klarheit bewiesen hat. Indem sich letzterer den Anschein gab, als ob er den Königen Lehren erteilen wollte, gab er den Völkern die allerwichtigsten. Macchiavellis „Fürst" ist das Buch der Republikaner.

Aus den allgemeinen Verhältnissen haben wir erkannt, daß die Monarchie nur für große Staaten geeignet ist, und bei ihrer Prüfung an sich wird sich uns die Wahrheit dieses Satzes noch klarer zeigen. Je zahlreicher das Beamtenheer ist, desto mehr verringert sich die Kluft zwischen dem Fürsten und seinen Untertanen, desto mehr nähert sich das Verhältnis der Gleichheit, so daß in der Demokratie dieses Verhältnis eins ist oder die Gleichheit selbst. Diese Kluft vergrößert sich dagegen, in dem Maße wie sich das Regierungspersonal verringert, und erreicht ihren höchsten Umfang, sobald die Regierung in den Händen eines einzigen ruht. Alsdann ist der Abstand zwischen dem Fürsten und dem Volke zu groß, und es fehlt dem Staate ein fester Zusammenhang. Um ihn zu bilden, sind Mittelglieder, sind Fürsten, Große und Edelleute nötig, um die Kluft auszufüllen. Nichts von allem diesem paßt jedoch für einen kleinen Staat, den solche Abstufungen zugrunde richten würden.

Ist es aber überhaupt schwierig, daß ein großer Staat gut regiert werde, so ist es noch weit schwieriger, daß er von einem einzigen Manne gut regiert werde. Jeder weiß, was daraus hervorgeht, wenn der König seine Regierungsgeschäfte anderen überläßt.

Ein wesentlicher und unvermeidlicher Mangel, der der republikanischen Regierungsform stets den Vorrang vor der monarchischen sichern wird, besteht darin, daß in ersterer die öffentliche Meinung fast immer nur erleuchtete und befähigte Männer, die ihren Ämtern Ehre machen, zu den höchsten Stellen erhebt, während die, die in Monarchien zu ihnen gelangen, häufig nur kleine Wichtigtuer, kleine Betrüger, kleine Ränkeschmiede sind, denen die kleinen Talente, die an den Höfen den Weg zu den höchsten Stellen bahnen, nur dazu dienen, dem Volke ihre Unfähigkeit zu zeigen, sobald sie ihr Ziel erreicht haben. Das Volk irrt sich hinsichtlich der Wahl weit weniger als der Fürst, und ein Mann von wahrem Verdienste ist im Ministerrate fast ebenso selten wie ein Dummkopf an der Spitze einer republikanischen Regierung. Ergreift deshalb infolge eines glücklichen Zufalls ein solcher zum Regieren geborener Mann in einer durch die Schar jener sauberen Glücksjäger fast schon zugrunde gerichteten Monarchie das Staatsruder, so ist man über die Hilfsmittel, die er findet, überrascht, und das macht in einem Lande Geschichte.

Damit ein monarchischer Staat gut regiert werden könnte, wäre es nötig, daß seine Größe oder Ausdehnung genau den Fähigkeiten des Regenten entspräche. Erobern ist leichter als regieren. Hat man einen tauglichen Hebel, so kann man mit einem Finger die Welt erschüttern; um sie jedoch zu tragen, bedarf es der Schultern eines Herkules. Ist der Staat leidlich groß, so ist der Fürst fast jederzeit zu klein. Ereignet es sich dagegen, was freilich selten stattfinden wird, daß der Staat für sein Oberhaupt zu klein ist, so wird er wieder schlecht regiert, weil sich der Fürst stets mit großartigen Plänen trägt, darüber die Interessen des Volkes vergißt und es durch den Mißbrauch seiner zu großen Talente nicht weniger unglücklich macht als ein beschränktes Oberhaupt durch seine zu geringen Gaben. Ein Königreich müßte sich eigentlich bei jeder neuen Regierung nach der Begabung des Fürsten erweitern oder verengen; da die Fähigkeiten eines zusammengesetzten Regierungskörpers ein bestimmteres Maß haben, kann der Staat feste Grenzen behalten, ohne deshalb schlechter regiert zu werden.

Der empfindlichste Übelstand bei der Regierung eines einzigen ist der Mangel jener beständigen Nachfolge, die bei den beiden anderen eine ununterbrochene Verbindung herstellt. Nach dem Tode des einen Königs muß man einen anderen haben; bis zur Wahl vergeht eine gefährliche Zwischenzeit, und die Wahlen sind stürmisch. Besitzen die Staatsbürger nicht eine seltene Uneigennützigkeit und Redlichkeit, wie sie mit dieser Regierungsform nicht leicht vereinbar ist, so mischen sich Umtriebe und Bestechung ein. Selten wird der, dem sich der Staat verkauft hat, ihn nicht seinerseits verkaufen und sich nicht an den Schwachen für das Geld entschädigen, das die Mächtigen von ihm erpreßt haben. Früher oder später wird unter einer solchen Regierung alles käuflich, und die Ruhe, deren man dann unter den Königen genießt, ist schlimmer als die Verwirrung während der Zwischenreiche.

Was hat man nun getan, um diesen Übelständen vorzubeugen? Man hat die Kronen in gewissen Familien erblich gemacht und eine Ordnung der Thronfolge festgesetzt, die jedem Streite beim Tode der Könige vorbeugt, das heißt, man hat dadurch, daß man den Übelstand der Regentschaft an die Stelle der Wahlumtriebe setzte, eine scheinbare Ruhe einer weisen Regierung vorgezogen und es lieber darauf ankommen lassen wollen, Kinder, Unmenschen und Schwachsinnige zu Herrschern zu haben, als über die Wahl guter Könige streiten zu müssen. Man hat nicht bedacht, daß man fast immer verlieren muß, wenn man sich auf solche Weise allen Wechselfällen aussetzt. Der junge Dionysius hatte ganz recht, als er seinem Vater, der ihm eine schändliche Handlung verwies und unter anderem sagte: „Habe ich dir ein solches Beispiel gegeben?“ erwiderte: „Oh, dein Vater war auch nicht König.“

Alles trägt dazu bei, einem zur Herrschaft über andere erzogenen Menschen jedes Gefühl für Gerechtigkeit und Rechenschaft zu rauben. Man soll sich viel Mühe geben, um junge Prinzen mit der Regierungskunst vertraut zu machen; diese Erziehung scheint ihnen aber keinen großen Nutzen zu bringen. Man würde besser tun, wenn man damit den Anfang machte, sie in der Kunst des

Gehorsams zu unterrichten. Die größten Könige, die die Geschichte rühmt, sind nicht zur Regierung erzogen worden; das ist eine Wissenschaft, die man sich um so weniger aneignet, je länger man sie studiert hat, und die man sich besser durch Gehorsam als durch Befehlen erwirbt. „Nam utilissimus idem ac brevissimus bonarum malarumque rerum delectus, cogitare, quid aut nolueris sub alio principe aut volueris." (Die nützlichste und zugleich kürzeste Art der Entscheidung zwischen Gutem und Bösem für einen Fürsten ist die Überlegung, was er selbst wollen würde und was nicht, wenn er Untertan eines anderen Fürsten wäre.)

Eine Folge dieses Mangels an Zusammenhang ist der Wankelmut der königlichen Regierung. Da sie nach dem Charakter des regierenden Fürsten oder der statt seiner regierenden Leute bald diesen, bald jenen Plan befolgt, ist sie außerstande, lange einen bestimmten Zweck und ein festes Verfahren beizubehalten. Diese ewige Unbeständigkeit, die bei anderen Regierungsformen, unter denen der Fürst immer derselbe bleibt, nicht stattfindet, versetzt den Staat in ein unaufhörliches Hin- und Herschwanken von einem Grundsatz zum andern und von einem Entwurfe zum andern. Auch sieht man deshalb, daß im allgemeinen an einem Hofe mehr List und in einem Senat mehr Weisheit herrscht, und daß die Republiken durch festere und besser befolgte Pläne ihre Zwecke erreichen, während jede Revolution im Ministerrat auch eine im Staate hervorruft, da alle Minister und fast alle Könige den Grundsatz teilen, in allen Stücken das Gegenteil ihrer Vorgänger zu tun.

Aus ebendieser Zusammenhangslosigkeit ergibt sich auch die Lösung eines von den königlich gesinnten Politikern oft gehörten Trugschlusses. Sie vergleichen nicht allein die bürgerliche Regierung mit der häuslichen und den Fürsten mit dem Familienvater – diese irrige Ansicht habe ich bereits widerlegt –, sondern legen dieser hohen Person auch äußerst freigebig alle Tugenden bei, die er nötig hätte, und gehen immer von der Annahme aus, daß der Fürst wirklich sei, was er sein sollte, eine Annahme, bei der offenbar die königliche Regierung den Vorzug vor jeder andern verdient, weil sie unstreitig die stärkste ist und der nichts weiter fehlt, um auch die beste zu sein, als einer größeren Übereinstimmung des Regierungswillens mit dem allgemeinen.

Wenn nun aber nach Platos Behauptung ein geborener König eine so seltene Erscheinung ist, wie oft werden dann erst Natur und Glück sich die Hand reichen, um ihn zu krönen? Und wenn die königliche Erziehung unbedingt diejenigen, die sie empfangen, verdirbt, was kann man dann von einer ganzen

Reihe zum Herrschen erzogener Männer hoffen? Die Verwechslung der königlichen Regierung mit der eines guten Königs ist demnach eine absichtliche Täuschung. Um zu sehen, was diese Regierung an sich ist, muß man sie unter unbefähigten oder schlechten Fürsten ins Auge fassen, denn sie werden schon als solche den Thron besteigen oder der Thron wird sie dazu machen.

Diese Schwierigkeiten sind unseren Schriftstellern nicht entgangen, aber sie lassen sich dadurch nicht in Verlegenheit setzen. Nach ihnen ist das beste Heilmittel, ohne Murren zu gehorchen; Gott gibt die bösen Könige in seinem Zorne, und man muß sie als Züchtigung des Himmels ertragen. Dergleichen Redensarten sind allerdings höchst erbaulich; aber ich weiß nicht, ob sie nicht besser auf die Kanzel als in ein Werk über die Staatskunst hingehörten. Was würde man von einem Arzte sagen, der Wunderdinge verspricht, während seine ganze Kunst darin besteht, seinen Kranken zur Geduld zu ermahnen? Daß man eine schlechte Regierung, wenn man sie einmal hat, ertragen muß, ist eine bekannte Sache, aber nun müßte die Frage sein, wie man eine gute findet.

7. Kapitel

Von den gemischten Regierungsformen

Genau genommen, gibt es eine einfache Regierungsform nicht. Ein Alleinherrscher muß untergeordnete Beamte, und eine Volksregierung ein Oberhaupt haben. In der Verteilung der vollziehenden Gewalt gibt es deshalb stets eine Abstufung von der größeren Anzahl zur kleineren, nur mit dem Unterschiede, daß bald die größere von der kleineren und bald die kleinere von der größeren abhängt.

Bisweilen ist die Teilung gleich, sei es nun dadurch, daß die wesentlichen Bestandteile wie in der englischen Regierung in gegenseitiger Abhängigkeit stehen, oder dadurch, daß wie in Polen die Macht jedes Teiles zwar unabhängig, aber unvollkommen ist. Letztere Form ist schlecht, weil es der Regierung dann an Einheit fehlt und der Staat der festen Verbindung ermangelt.

Welche Regierung ist nun besser, die einfache oder gemischte? Diese Frage hat die Politiker stets erregt, sie muß auf dieselbe Weise beantwortet werden, wie ich es früher bei der Frage über die Regierungsformen getan habe.

Die einfache Regierungsform ist schon um ihrer bloßen Einfachheit willen an und für sich die beste. Wenn aber die vollziehende Gewalt nicht genug von der gesetzgebenden abhängig ist, das heißt, wenn zwischen dem Fürsten und dem Staatsoberhaupte eine größere Übereinstimmung herrscht als zwischen dem Volke und dem Fürsten, so muß man diesem Mißverhältnisse durch Teilung der Regierung abhelfen, denn alsdann behalten zwar alle ihre Teile noch immer dieselbe Gewalt über die Untertanen, werden aber sämtlich durch die Teilung dem Staatsoberhaupte gegenüber schwächer.

Ferner läßt sich diesem Übelstande dadurch vorbeugen, daß man Zwischenbehörden einsetzt, die bei völliger Beibehaltung einer einheitlichen Regierung lediglich dazu dienen, die beiden Gewalten im Gleichgewichte zu halten und ihre gegenseitigen Rechte ungeschmälert zu lassen. Alsdann ist die Regierung nicht gemischt, sondern eine gemäßigte Regierung.

Auf ähnliche Weise kann ein Übelstand entgegengesetzter Natur beseitigt werden, indem man bei zu großer Schlaffheit der Regierung Einrichtungen schafft, um sie fester zusammenzufassen; dies geschieht in allen Demokratien. Im ersteren Falle teilt man die Regierung, um sie zu schwächen, im letzteren, um sie zu stärken, denn die höchsten Grade der Stärke wie der Schwäche kommen bei der einfachen Regierungsform in gleicher Weise vor, während die gemischten Formen eine mittlere Stärke gewähren.

8. Kapitel

Nicht jede Regierungsform ist für jedes Land geeignet

Da die Freiheit keine Frucht aller Himmelsstriche ist, so ist sie auch nicht allen Völkern zugänglich. Je mehr man über das von Montesquieu aufgestellte Prinzip nachdenkt, desto tiefer empfindet man seine Wahrheit; je mehr man es bestreitet, desto mehr Gelegenheit gibt man zu seiner Bestätigung durch neue Gründe.

In allen Regierungen der Welt verzehrt die Person des Staates, ohne je etwas hervorzubringen. Woher erhält sie nun, was sie verzehrt? Aus der Arbeit ihrer Glieder. Der Überschuß der einzelnen befriedigt das Bedürfnis des Staates. Hieraus folgt, daß der bürgerliche Zustand nur so lange Bestand haben kann, als der Ertrag der Arbeit die Bedürfnisse der einzelnen übersteigt.

Dieser Überschuß ist nun nicht in allen Ländern der Welt gleich. In einigen ist er ansehnlich, in anderen mittelmäßig, in noch anderen gleich Null, wieder in anderen sogar negativer Art. Diese Verschiedenheit hängt von der Fruchtbarkeit des Klimas, von der Art der Bearbeitung, die der Boden erfordert, von der Beschaffenheit seiner Erzeugnisse, von der Kraft seiner Bewohner, von ihrem größeren oder geringeren Verbrauch und anderen dafür maßgebenden Umständen ab, die ihn hervorrufen.

Andererseits sind auch die Regierungen nicht alle von gleicher Beschaffenheit; einige verschlingen mehr und andere weniger. Dieser Unterschied gründet sich auf jenen andern Grundsatz, daß die öffentlichen Abgaben um so lästiger werden, je weiter sie sich von ihrer Quelle entfernen. Nicht nach der Höhe der Auflagen darf das Drückende derselben bemessen werden, sondern nach dem Wege, den sie zurückzulegen haben, um wieder in die Hände zurückzukehren, aus denen sie gekommen sind. Ist dieser Umlauf schnell und gut eingerichtet, so macht es wenig aus, ob man wenig oder viel bezahlt, das Volk ist immer reich und die Finanzanlage vortrefflich. So wenig dagegen auch ein Volk hergeben möge, so wird es, wenn dieses Wenige nicht wieder zu ihm zurückkommt, durch stetes Geben bald erschöpft, der Staat ist nie reich, und das Volk stets bettelarm.

Je weiter mithin die Kluft zwischen dem Volke und der Regierung wird, desto drückender werden die Abgaben. Deshalb ist das Volk in der Demokratie am wenigsten belastet, in der Aristokratie schon etwas mehr, und in der Monarchie trägt es die schwerste Last. Die Monarchie eignet sich folglich für reiche Völker, die Aristokratie für Staaten von mittlerer Wohlhabenheit und Größe und die Demokratie für kleine und arme Staaten.

In der Tat erkennt man hierin, je mehr man darüber nachdenkt, den Unterschied zwischen den Freistaaten und Monarchien. In ersteren bezweckt alles den gemeinsamen Nutzen, in letzteren stehen die Staats- und die Privatkräfte im entgegengesetzten Verhältnisse; die einen erhöhen sich durch die Schwächung der anderen. Kurz, anstatt die Untertanen zu regieren, um sie glücklich zu machen, macht der Despotismus sie absichtlich elend, um sie regieren zu können.

Man vermag daher unter jedem Himmelsstriche nach natürlichen Ursachen die Regierungsform, die der Einfluß des Klimas bedingt, zu bestimmen und sogar anzugeben, was für eine Art von Bewohnern es verlangt.

Undankbare und unfruchtbare Gegenden, in denen der Ertrag nicht einmal die Arbeit lohnt, müssen unbebaut und öde bleiben oder nur von Wilden bewohnt werden; Gegenden, in denen die Arbeit der Menschen nur das Allernotwendigste hervorbringt, müssen barbarischen Völkern als Wohnstätte dienen, jede

Staatsverfassung würde dort unmöglich sein; Gegenden, in denen der Überschuß des Arbeitsertrages mittelmäßig ist, eignen sich für freie Völker; solche endlich, in denen der reiche und fruchtbare Boden geringe Arbeit mit großem Ertrage vergilt, haben eine monarchische Regierung nötig, damit der übertriebene Überfluß der Untertanen durch den Luxus des Fürsten verzehrt werde; denn es ist jedenfalls besser, daß dieser Überfluß von der Regierung verbraucht als von den einzelnen verschwendet wird. Allerdings kommen, wie ich recht wohl weiß, Ausnahmen vor, allein diese Ausnahmen selbst bestätigen die Regel, indem sie früher oder später Revolutionen hervorrufen, die den Lauf der Dinge wieder in das natürliche Geleise zurücklenken.

Wir müssen stets die allgemeinen Gesetze von den besonderen Ursachen, die die Wirkung derselben beeinflussen können, unterscheiden. Reihte sich im Süden auch Republik an Republik und im Norden ein despotischer Staat an den andern, so wäre es deshalb nicht weniger wahr, daß bei der Einwirkung des Klimas der Despotismus für heiße Länder, die Barbarei für kalte und die guten Verfassungen für die gemäßigten Gegenden am geeignetsten sind. Ich sehe ferner ein, daß man trotz der Anerkennung des Prinzipes über seine Anwendung streiten und sagen könnte, es gebe kalte und doch sehr fruchtbare Länder und wieder südliche und dabei höchst unfruchtbare. Allein diese Schwierigkeit besteht nur für solche, die die Sache nicht nach allen ihren Beziehungen prüfen. Man muß, wie gesagt, Arbeit, Kräfte, Verbrauch usw. in Betracht ziehen.

Nehmen wir an, daß von zwei gleich großen Gebieten das eine Fünf und das andere Zehn einbringt. Verzehren nun die Bewohner des ersten Vier und die des zweiten Neun, so beträgt der Überschuß des ersten Ertrages ein Fünftel und der des zweiten ein Zehntel. Da nun die Überschüsse im umgekehrten Verhältnisse zu den Erträgen stehen, so gibt der Boden, der nur Fünf hervorbringt, einen doppelt so großen Überschuß als der, der Zehn hervorbringt.

Aber von einem doppelten Ertrage ist gar nicht die Rede, und ich glaube nicht, daß jemand so dreist ist, die Fruchtbarkeit kalter und heißer Länder im allgemeinen für gleich zu erklären. Nehmen wir jedoch diese Gleichheit einmal an, vergleichen wir England mit Sizilien und Polen mit Ägypten! Dann haben wir weiter nach Süden noch Afrika und Indien, weiter nach Norden aber nichts mehr. Und selbst bei der angenommenen Gleichheit des Ertrages, so besteht doch eine große Verschiedenheit in der Bodenbearbeitung. In Sizilien braucht man den Boden nur zu lockern; was für Mühe verlangt dagegen die

Landwirtschaft in England! Wo man aber mehr Hände bedarf, um denselben Ertrag zu erzielen, da muß der Überschuß auch unbedingt geringer sein.

Man berücksichtige ferner, daß die gleiche Zahl Menschen in den heißen Ländern bei weitem weniger verzehrt. Das Klima verlangt zur Erhaltung der Gesundheit Mäßigkeit; die Europäer, die dort wie zu Hause leben wollen, sterben sämtlich an Ruhr und Verdauungsstörungen. „Mit den Asiaten verglichen, sind wir", sagt Chardin, „fleischfressende Tiere, wahrhaft reißende Wölfe. Einige schreiben die Mäßigkeit der Perser dem schlechten Anbau ihres Landes zu, ich dagegen bin überzeugt, daß das Land nur deshalb einen weniger reichen Ertrag liefert, weil eben die Bewohner weniger nötig haben. Wäre ihre Mäßigkeit", fährt er fort, „die Folge der geringen Ertragsfähigkeit ihres Landes, so würden nur die Armen wenig essen, während die Mäßigkeit doch allgemein herrscht; und man würde in jeder Provinz je nach der Fruchtbarkeit ihres Bodens mehr oder weniger Nahrung gebrauchen, während sich im ganzen Königreich gleiche Mäßigkeit findet. Sie rühmen sich ihrer genügsamen Lebensweise auch im hohen Grade, indem sie versichern, man brauche nur ihre Gesichtsfarbe anzusehen, um sofort die Vorzüge ihrer Lebensweise vor der der Christen zu erkennen. Die Gesichtsfarbe der Perser ist auch wirklich sehr rein und ihre Haut schön, fein und glatt, während die Gesichtsfarbe der ihnen unterworfenen Armenier, die nach europäischer Weise leben, grob und kupferfarben und ihr Körper plump und schwerfällig ist."

Je mehr man sich dem Äquator nähert, desto weniger Lebensbedürfnisse haben die Völker. Sie essen fast gar kein Fleisch; Reis, Mais, Kukuruz, Hirse, Cassava bilden die gewöhnlichen Nahrungsmittel. Millionen Menschen gebrauchen in Indien zu ihrem Lebensunterhalte täglich nur wenige Pfennige. Selbst in Europa gewahren wir in bezug auf die Eßlust einen auffallenden Unterschied zwischen den nördlichen und südlichen Völkern. Ein Spanier kann von dem Mittagsmahl eines Deutschen acht Tage leben. In den Ländern, wo die Menschen mehr Nahrungsmittel zu sich nehmen, dreht sich auch der Luxus um Eßsachen; in England zeigt er sich auf einer mit Fleisch beladenen Tafel, und in Italien setzt man Zuckerwerk und Blumen vor.

Ähnliche Unterschiede bietet der Luxus in Kleidern dar. Unter Himmelsstrichen, wo der Witterungswechsel schnell und heftig eintritt, hat man bessere und einfachere Kleider; in solchen, wo man sich nur um des Putzes willen kleidet, nimmt man mehr auf Glanz als auf Nutzen Rücksicht, und die Kleidung ist dort reiner Luxus. In Neapel kann man täglich Leute zum Posilipp spazieren sehen, die goldbesetzte Oberkleider tragen, aber barfuß gehen. Ebenso verhält es sich mit den Wohnhäusern: hat man nichts von der Ungunst der Witterung zu fürchten, so verwendet man alles auf äußere Pracht. In Paris und London will man warm und bequem wohnen; in Madrid hat man zwar prächtige Räumlichkeiten, aber keine schließenden Fenster, und schläft des Nachts in förmlichen Rattenlöchern.

In warmen Ländern sind die Nahrungsmittel kräftiger und saftreicher; das ist ein dritter Unterschied, der notwendigerweise auf den zweiten einwirken muß. Weshalb ißt man in Italien so viel Gemüse? Weil es dort gut, nahrhaft und äußerst wohlschmeckend ist. In Frankreich, wo es schier nur aus Wasser besteht, hat es keinen Nährwert und zählt fast nichts für die Tafel; trotzdem verlangt sein Anbau ebensoviel Land und wenigstens ebensoviel Mühe. Wie die Erfahrung lehrt, gibt das Getreide in der Berberei, das im übrigen dem französischen nachsteht, ungleich mehr Mehl, während das französische wieder mehr liefert als das Getreide der nördlichen Länder. Hieraus läßt sich schließen, daß man im allgemeinen eine ähnliche Abstufung vom Äquator nach den Polen zu wahrnehmen kann. Liegt nun nicht ein augenscheinlicher Nachteil darin, wenn man bei gleichem Ertrag einen geringeren Nährwert erhält?

Allen diesen verschiedenen Betrachtungen kann ich noch eine hinzufügen, die sich aus ihnen ergibt und sie bestätigt, und zwar die, daß warme Länder weniger Bewohner bedürfen als kalte, obgleich sie mehr ernähren könnten, was einen doppelten Überschuß zugunsten des Despotismus gewährt. Je größer die Fläche ist, die eine gleiche Anzahl Bewohner einnimmt, desto schwieriger werden Empörungen, weil man sich weder schnell noch heimlich genug verabreden kann, und es der Regierung beständig leicht ist, die Pläne zu entdecken und die Verbindungen abzuschneiden. Je enger jedoch ein zahlreiches Volk zusammengedrängt wohnt, desto weniger kann die Regierung die Macht des Staatsoberhauptes, nämlich des Volkes, an sich reißen, denn die Häupter desselben beraten in ihren Zimmern ebenso sicher wie der Fürst in seinem Rate, und die Volksmasse versammelt sich auf den Plätzen ebenso schnell wie die Truppen in ihrem Lager. In dieser Beziehung liegt also für die tyrannische Regierung ein Vorteil darin, in großen Entfernungen wirken zu können. Mit Hilfe der Stützpunkte, die sie sich verschafft, steigert sich ihre Kraft mit der Entfernung gleich der Kraft eines Hebels. Die des Volkes wirkt dagegen nur vereint; sobald sie sich ausdehnt, verflüchtigt und verliert sie sich wie die Wirkung des vereinzelt auf der Erde liegenden Pulvers, das sich nur Korn für

Korn entzündet. Die am wenigsten bevölkerten Länder sind folglich für die Tyrannei am meisten geeignet; nur in Wüsten herrschen wilde Tiere.

9. Kapitel

Von den Kennzeichen einer guten Regierung

Wenn man ganz im allgemeinen fragt, welche Regierung die beste sei, so wirft man eine ebenso unlösbare wie unbestimmte Frage auf, oder auch, wenn man will, eine Frage, die ebenso viele richtige Lösungen hat, als es nur irgendwelche denkbare Berechnungen in den absoluten wie relativen Lagen der Völker gibt.

Fragt man dagegen, woran es sich erkennen lasse, ob ein bestimmtes Volk gut oder schlecht regiert werde, so ist dies etwas anderes, und eine so gestellte Frage kann richtig beantwortet werden.

Trotzdem ist ihre Lösung noch nicht gefunden, weil sie jeder auf seine Weise lösen will. Die Untertanen schätzen die öffentliche Ruhe, die Staatsbürger die persönliche Freiheit; der eine stellt die Sicherheit des Eigentums höher, der andere die der Person; dem einen gilt die strengste Regierung als die beste, dem andern die mildeste; dieser verlangt die Bestrafung, der andere die Verhütung der Verbrechen; der eine findet es schön, von den Nachbarn gefürchtet zu werden, der andere wünscht, ihnen lieber unbemerkt zu bleiben; der eine ist zufrieden, wenn Geld im Umlaufe ist, der andere verlangt, daß das Volk Brot habe. Selbst wenn man über diese und andere ähnliche Punkte derselben Ansicht wäre, hätte man damit viel gewonnen? Die moralischen Größen haben kein eigenes Maß; wäre man sich auch über ihre Kennzeichen einig, wie sollte man es über ihren Wert sein?

Mich persönlich setzt es immer in Verwunderung, daß man ein so einfaches Kennzeichen absichtlich oder unabsichtlich verleugnet. Was ist denn der Zweck der politischen Vereinigung? Doch nichts anderes als die Erhaltung und Wohlfahrt ihrer Glieder. Und welches ist das sicherste Kennzeichen, daß sie sich erhalten und gedeihen? Die Zunahme der Bevölkerung. Man suche doch also dieses vielumstrittene Kennzeichen nicht anderswo. Bei Gleichheit aller übrigen Verhältnisse ist unstreitig die Regierung die beste, unter der sich ohne fremde Hilfsmittel, ohne Naturalisationen, ohne Kolonien die Zahl der Bürger fort und fort vermehrt. Die Regierung dagegen, unter der ein Volk abnimmt und dahinschwindet, ist die schlechteste. Statistiker, das ist eure Sache! Zählt, meßt und vergleicht!

Nach demselben Grundsatze sollte man sich auch darüber einigen, welche Jahrhunderte sich um die Wohlfahrt des menschlichen Geschlechtes am meisten verdient gemacht haben. Man hat viel zu sehr solche bewundert, in denen man Künste und Wissenschaften blühen sah, ohne sich über den geheimen Ausgang ihrer Kultur klar zu werden und die unseligen Wirkungen derselben zu erkennen. „Idque apud imperitos humanitas vocabatur, quum pars servitutis esset." (Tac. Agric. XXI. Und das hieß bei harmlosen Gemütern Humanität, während es in der Tat ein Stück Knechtschaft war.) Werden wir denn in der Buchweisheit nie den groben Eigennutz erkennen, der die Schriftsteller erfüllt hat? Nein, was sie auch sagen mögen: sobald trotz allem Glanze die Volkszahl in einem Lande geringer wird, so ist es nicht wahr, daß alles gut geht, und es genügt nicht, daß ein Dichter jährlich hunderttausend Mark bezieht, um sein Jahrhundert als das herrlichste hinzustellen. Man muß nicht die scheinbare Ruhe und Zufriedenheit der Machthaber ins Auge fassen, sondern das Wohlergehen des ganzen Volkes und namentlich der zahlreichsten Stände. Der Hagel verheert wohl einige Landstriche, ruft aber selten Hungersnot hervor. Empörungen und Bürgerkriege können die Oberhäupter freilich in Schrecken setzen, bilden aber nicht das wahre Elend der Völker, die bei dem Streit darüber, wer sie tyrannisieren soll, sogar Erholung finden können. Aus ihrem dauernden Zustande geht ihr wahres Wohlergehen oder ihre wirkliche Not hervor. Wenn alles unter dem Joche zermalmt wird, dann geht alles zugrunde, dann vernichten die Machthaber, wen sie wollen, „ubi solitudinem faciunt, pacem appellant." (Tac. Agric. XXXI.) Als die Verfeindungen der Großen Frankreich beunruhigten und der Koadjutor von Paris mit einem Dolche in der Tasche in das Parlament ging, lebte das Volk trotzdem in anständiger und unabhängiger Wohlhabenheit glücklich und zahlreich, Griechenland blühte einst unter den grausamsten Kriegen; das Blut floß in Strömen, und doch war das Land fast übervölkert. „Unsere Republik", sagt Macchiavelli, „schien mitten unter Mordtaten, Achtserklärungen und Bürgerkriegen immer mächtiger zu werden; die Tugend ihrer Bürger, ihre Sitten, ihre Unabhängigkeit bewirken eher ihre Kräftigung, als alle Zwistigkeiten ihre Schwächung. Eine geringe Erregung gibt den Gemütern Spannkraft, und was zum Wohlergehen der Menschheit in Wahrheit beiträgt, ist nicht sowohl der Frieden, als die Freiheit.

10. Kapitel

Vom Mißbrauche der Regierung und von ihrer Tendenz zum Verfall

Gerade wie der Wille des einzelnen unaufhörlich gegen den allgemeinen Willen ankämpft, liegt auch die Regierung im unaufhörlichen Kampfe gegen die Oberherrlichkeit. Je leidenschaftlicher dieser Kampf wird, desto mehr wird die Verfassung geschädigt, und da es hier keinen weiteren Standeswillen gibt, der im Widerstande gegen den Fürsten ihm die Spitze bieten könnte, so muß es früher oder später dahin kommen, daß der Fürst schließlich das Staatsoberhaupt unterdrückt und den Gesellschaftsvertrag bricht. Das ist der damit unzertrennlich verbundene Fehler, der von der Bildung des Staatskörpers an ihn unablässig zu zerstören strebt, wie Alter und Tod zuletzt den Körper des Menschen zerstören.

Allgemein sind es zwei Wege, auf denen eine Regierung entartet, und zwar Zusammenballung oder Auflösung des Staates.

Die Regierung ballt sich zusammen, wenn sie von einer großen Anzahl auf eine kleinere, das heißt von der Demokratie zur Aristokratie, und von der Aristokratie zum Königtum übergeht. Das beruht auf ihrer natürlichen Tendenz dazu.

> Eigentlich Fußnote. Aus technischen Gründen in den Text gesetzt. Re. Das langsame Entstehen und die allmähliche Entwicklung der Republik Venedig in ihren Lagunen bieten ein bemerkenswertes Beispiel eines solchen Verlaufes dar, und es ist dabei höchst auffallend, daß die Venetianer seit länger als zwölfhundert Jahren noch immer auf der zweiten Stufe, die mit Serrar di Comiglio 1198 begann, zu stehen scheinen. Was die alten Herzoge anlangt, die man ihnen zum Vorwurfe macht, so ist, was auch das Squittinio della liberta Veneta sagen möge, klar nachgewiesen, daß sie nicht die Staatsoberhäupter gewesen sind.
>
> Man wird nicht unterlassen, mir die römische Republik entgegenzuhalten, die eine völlig entgegengesetzte Entwicklung genommen, indem sie von der Monarchie zur Aristokratie und von der Aristokratie zur Demokratie übergegangen sei. Ich denke hierüber ganz anders.
>
> Die erste Stiftung des Romulus war eine gemischte Regierung, die bald in Despotismus ausartete. Aus besonderen Ursachen ging der Staat vor der Zeit zugrunde, wie man ja auch ein Kind sterben sieht, ehe es erwachsen ist. Die Vertreibung der Tarquinier war der eigentliche Beginn der

Republik. Allein sie gewann nicht sofort eine feste Gestalt, weil man das Patriziat nicht abschaffte und mithin das Werk nur halb tat. Sonach verblieb die Erbaristokratie, die schlechteste aller gesetzlichen Regierungsformen, und stand im unaufhörlichen Kampfe mit der Demokratie, so daß, wie Macchiavelli nachgewiesen hat, die noch lange unsichere und schwankende Regierungsform erst durch die Einsetzung der Volkstribunen einen festen Halt erhielt; nun erst gab es eine wahre Regierung und eine wirkliche Demokratie. Jetzt war das Volk nicht allein Staatsoberhaupt, sondern auch Obrigkeit und Richter; der Senat war nur eine untergeordnete Verwaltungsbehörde, um die Regierung zu mäßigen und zu vereinigen, und selbst die Konsuln hatten in Rom, wenn sie auch Patrizier, höchste Obrigkeiten und im Kriege unumschränkte Feldherren waren, doch nur den Vorsitz in den Volksversammlungen.

Von nun an konnte man wahrnehmen, wie bei der Regierung auch schon wieder ihr natürlicher Hang zur Aristokratie stark hervortrat. Da das Patriziat wie von selbst erlosch, befand sich die Aristokratie nicht mehr wie zu Venedig und Genua in der Gesamtheit der Patrizier, sondern im Körper des Senats, der aus Patriziern und Plebejern bestand, ja sogar im Stande der Tribunen, als diese anfingen, sich eine aktive Gewalt anzumaßen; denn Namen tun nichts zur Sache, und wenn das Volk erst Häupter hat, die anstatt seiner regieren, so ist dies immer eine Aristokratie, wie die Häupter auch genannt werden mögen.

Aus dem Mißbrauche der Aristokratie entstanden die Bürgerkriege und das Triumvirat. Sulla, Julius Cäsar und Augustus wurden in der Tat wirkliche Monarchen, und schließlich löste sich der Staat unter dem Despotismus des Tiberius auf. Die römische Geschichte widerlegt also meinen Grundsatz nicht, sondern bestätigt ihn vielmehr.

Ginge sie von der kleineren Zahl zur größeren zurück, so könnte man sagen, daß sie erschlaffte; aber dieser umgekehrte Übergang ist unmöglich.

In der Tat ändert die Regierung ihre Form nur, wenn die Abnutzung ihres Getriebes sie so geschwächt hat, daß sie sich in ihrer bisherigen nicht mehr zu erhalten vermag. Bei einer durch Ausdehnung herbeigeführten weiteren Schwächung müßte nun ihre Kraft völlig aufhören, und sie würde noch weniger bestehen können. Je nachdem das Getriebe nachgegeben hat, muß es also wieder instand gesetzt und in Gang gebracht werden, sonst müßte der Staat, den es erhält, in Trümmer sinken.

Die Auflösung des Staates kann auf zweierlei Art erfolgen.

Erstens, sobald der Fürst den Staat nicht mehr nach den Gesetzen verwaltet und sich die oberherrliche Gewalt anmaßt. Dann geht eine sehr auffallende Veränderung vor sich, indem sich nicht die Regierung, sondern der Staat zusammenzieht; damit meine ich: der große Staat löst sich auf, und es bildet sich in ihm ein neuer, der nur aus den Gliedern der Regierung besteht und für das ganze übrige Volk nichts als sein Herr und Tyrann ist. Reißt die Regierung in dieser Weise die Oberherrlichkeit an sich, so ist der Gesellschaftsvertrag gebrochen, und alle einfachen Staatsbürger, die von Rechts wegen in ihre natürliche Freiheit zurücktreten, gehorchen nur aus Zwang und nicht aus Pflicht.

Derselbe Fall findet statt, sobald die Glieder der Regierung die Macht, die sie nur in der Gesamtheit ausüben dürfen, einzeln an sich reißen; dies ist nicht minder eine Verletzung der Gesetze und ruft noch weit größere Verwirrung hervor. Nun hat man gleichsam ebenso viele Fürsten wie obrigkeitliche Personen, und der Staat, der in der gleichen Weise wie die Regierung geteilt ist, geht unter oder ändert seine Gestalt.

Löst der Staat sich auf, so wird ein Mißbrauch der Regierung, welcher Art auch immer, allgemein Anarchie genannt. Will man einen Unterschied aufstellen, so artet die Demokratie in Ochlokratie, die Aristokratie in Oligarchie aus; ich könnte noch hinzusetzen, das Königtum arte in Tyrannei aus, aber letzteres Wort ist doppelsinnig und verlangt erst eine Erklärung. Im gewöhnlichen Sinne ist ein Tyrann ein König, der gewalttätig und ohne Rücksicht auf Gerechtigkeit und Gesetze regiert. Im engeren Sinne versteht man unter einem Tyrannen einen Privatmann, der sich die königliche Gewalt anmaßt, ohne ein Recht darauf zu besitzen. So faßten die Griechen das Wort Tyrann auf; sie legten es ohne Unterschied allen guten wie schlechten Fürsten bei, deren Gewalt nicht gesetzmäßig war. Mithin sind Tyrann und Usurpator völlig synonyme Wörter.

Um verschiedene Begriffe auch verschieden auszudrücken, nenne ich den Usurpator der königlichen Gewalt einen Tyrannen und den Usurpator der oberherrlichen Gewalt einen Despoten. Tyrann ist also, wer sich den Gesetzen zuwider die Gewalt anmaßt, um nach den Gesetzen zu regieren; Despot, wer sich über die Gesetze selbst hinwegsetzt. Folglich braucht ein Tyrann nicht Despot zu sein, während der Despot stets Tyrann ist.

11. Kapitel

Vom Tode des politischen Körpers

Dies ist die natürliche und unvermeidliche Neigung jeder Regierung, auch wenn sie eine noch so gute Verfassung besitzt. Welcher Staat kann wohl, nachdem Sparta und Rom untergegangen sind, auf einen ewigen Bestand rechnen? Wollen wir eine dauerhafte Gründung vornehmen, so dürfen wir also nicht daran denken, ein Werk für die Ewigkeit zu schaffen. Um Erfolg zu haben, muß man weder das Unmögliche versuchen, noch sich schmeicheln, einem Menschenwerke eine Festigkeit zu verleihen, die mit menschlichen Dingen unvereinbar ist.

Ebenso wie der menschliche Körper beginnt auch der politische schon von seiner Geburt an zu sterben und trägt den Keim seines Unterganges in sich selbst. Aber der eine wie der andere kann eine mehr oder weniger kräftige Körperbeschaffenheit besitzen, die ihn befähigt, sich länger oder kürzer zu erhalten. Die des Menschen ist das Werk der Natur, die des Staates das Werk der Kunst. Es liegt nicht in der Macht der Menschen, ihr Leben zu verlängern, wohl aber sind sie imstande, dem des Staates eine möglichst lange Frist zu geben, indem sie ihn mit der besten Verfassung ausrüsten, die sich für ihn eignet. Auch der am besten bezüglich der Verfassung eingerichtete Staat wird einmal ein Ende nehmen, aber doch später als ein anderer, wenn nicht ein unvorhergesehener Zufall seinen Untergang vor der Zeit herbeiführt.

Das Prinzip des politischen Lebens liegt in der oberherrlichen Autorität. Die gesetzgebende Gewalt ist das Herz des Staates, die vollziehende sein Gehirn, das allen Teilen Bewegung gibt. Das Gehirn kann gelähmt werden und der Mensch trotzdem weiterleben. Er verfällt in Blödsinn, aber er lebt; sobald jedoch das Herz seine Tätigkeit einstellt, tritt der Tod ein.

Nicht durch die Gesetze besteht der Staat, sondern durch die gesetzgebende Gewalt. Das Gesetz von gestern verpflichtet nicht das Heute, aber Schweigen setzt stillschweigende Zustimmung voraus, und das Staatsoberhaupt muß unaufhörlich die Gesetze wieder bestätigen, die es nicht aufhebt, obgleich es dazu berechtigt ist. Alles, was es einmal für seinen Willen erklärt hat, will es immer, so lange wenigstens, bis ein Widerruf erfolgt.

Weshalb zeigt man denn so große Ehrfurcht vor alten Gesetzen? Gerade deshalb, weil sie alt sind. Man muß annehmen, daß nur die Vortrefflichkeit der altehrwürdigen Willensmeinungen sie solange hat erhalten können. Wenn das Staatsoberhaupt sie nicht beständig als ersprießlich anerkannt hätte, würde es sie schon tausendmal widerrufen haben. Aus diesem Grunde schwächen sich in jedem wohleingerichteten Staate die Gesetze nicht ab, sondern gewinnen im Gegenteil unaufhörlich neue Kraft; das Vorurteil für das Alte läßt sie täglich ehrwürdiger erscheinen. Verlieren dagegen die Gesetze durch das Altern an Kraft, so liegt darin der Beweis, daß es eine gesetzgebende Macht nicht mehr gibt und der Staat nicht mehr lebt.

12. Kapitel

Wie sich die oberherrliche Macht aufrechterhält

Da das Staatsoberhaupt keine andere Macht hat als die gesetzgebende Gewalt, so wirkt es nur durch Gesetze, und da die Gesetze nichts anderes als authentische Kundgebungen des allgemeinen Willens sind, so kann das Staatsoberhaupt nur wirken, wenn das Volk versammelt ist. Das Volk versammelt! wird man sagen, welch ein Hirngespinst! Heutzutage ist es allerdings ein Hirngespinst, aber vor zweitausend Jahren war es das nicht. Hat sich die Natur der Menschen denn geändert?

In der moralischen Welt sind die Grenzen des Möglichen weniger eng, als wir glauben; erst unsere Schwächen, unsere Laster und unsere Vorurteile verengern sie. Gemeine Seelen glauben nicht an große Männer; erbärmliche Sklaven lachen spöttisch bei dem Worte Freiheit.

Aus dem Geschehenen wollen wir auf das schließen, was geschehen kann. Ich will nicht von den alten Republiken Griechenlands reden, aber die römische Republik war doch, nach meiner Meinung, ein großer Staat und Rom eine große Stadt. Die letzte Schätzung ergab in Rom vierhunderttausend waffenfähige Bürger und die letzte Volkszählung im ganzen Reiche vier Millionen Bürger, wobei alle, die nicht das Bürgerrecht erhalten hatten, und ferner Ausländer, Frauen, Kinder und Sklaven nicht mitgerechnet waren.

Welche Schwierigkeit würde man sich nicht vorstellen, die ungeheure Volksmasse dieser Hauptstadt und ihrer Umgegend häufig zu versammeln! Gleichwohl verstrichen nur wenige Wochen, daß das römische Volk nicht versammelt worden wäre, ja mitunter sogar mehrmals. Nicht allein übte es die oberherrlichen Rechte aus, sondern zum Teil auch die der Regierung. Es verhandelte gewisse Staatsgeschäfte, fällte das Urteil in gewissen Prozessen, und das ganze Volk befand sich fast ebensooft in obrigkeitlicher wie in staatsbürgerlicher Eigenschaft auf dem öffentlichen Platze.

Wenn man auf die ältesten Zeiten der Völker zurückginge, würde man finden, daß die meisten alten Regierungen, selbst monarchische, wie die der Mazedonier und Franken, ähnliche Volksberatungen abhielten. Wie dem auch sein möge, so widerlegt schon diese einzige unbestreitbare Tatsache alle Schwierigkeiten; der Schluß von der Wirklichkeit auf die Möglichkeit scheint mir untrüglich zu sein.

13. Kapitel

Fortsetzung

Es genügt nicht, daß das versammelte Volk die Staatsverfassung einmal durch die Bestätigung eines Gesetzbuches festgesetzt, auch nicht, daß es eine bleibende Regierung eingeführt oder ein für allemal für die Wahl der Behörden Vorkehrungen getroffen hat, sondern es muß außer den außerordentlichen Versammlungen, die unvorhergesehene Fälle nötig machen können, regelmäßige und periodische geben, die unter keinen Umständen abgeschafft oder vertagt werden dürfen, so daß das Volk gesetzlich auf einen bestimmten Tag zusammengerufen ist, ohne daß es dazu erst einer anderen ausdrücklichen Einberufung bedarf.

Dagegen außer diesen an bestimmten Tagen durch das Gesetz angeordneten Versammlungen muß jede Volksversammlung, die nicht von den zu diesem Zwecke eingesetzten Obrigkeiten auf vorschriftsmäßigem Wege zusammenberufen ist, für ungesetzmäßig und jeder Beschluß derselben nichtig gehalten werden, weil selbst der Befehl, sich zu versammeln, vom Gesetze ausgehen muß.

Die mehr oder weniger häufige Wiederkehr solcher gesetzmäßigen Versammlungen hängt von so vielen Rücksichten ab, daß man darüber keine bestimmten Regeln zu erteilen vermag. Im allgemeinen läßt sich nur sagen, daß sich das Staatsoberhaupt, also das Volk, desto häufiger zeigen muß, je kräftiger die Regierung ist.

Für eine einzelne Stadt, wird man mir vielleicht einwenden, mag dies ganz gut sein; was aber anfangen, wenn der Staat mehrere umfaßt? Soll man die oberherrliche Gewalt teilen oder sie auf eine einzige Stadt beschränken und alles übrige ihr unterwerfen?

Ich erwidere, daß man weder das eine noch das andere tun darf. Erstens ist die oberherrliche Macht eine Einheit, die man, ohne sie zu zerstören, nicht teilen darf. Sodann kann eine Stadt ebensowenig wie ein Volk gesetzmäßig einer anderen untertänig sein, weil der politische Körper seinem Wesen nach sowohl auf Gehorsam wie auf Freiheit beruht, und die Worte Untertan und Staatsoberhaupt identische Wechselbegriffe bilden, deren Idee sich in dem Worte Staatsbürger vereinigt.

Ferner entgegne ich, daß es stets ein Übel ist, mehrere Städte zu einem einzigen Gemeinwesen zu vereinigen, und daß man sich nicht einbilden soll, man könne mit dieser Vereinigung die ihnen natürlichen Unstimmigkeiten vermeiden. Gegen jemanden, der nur kleine Staaten will, darf man die Mißbräuche in den großen nicht als Einwand erheben. Wie soll man denn nun aber den kleinen Staaten hinlängliche Stärke verleihen, um den großen widerstehen zu können? Wie einst die griechischen Städte dem Perserkönige und in letzter Zeit Holland und die Schweiz dem Hause Österreich widerstanden.

Jedenfalls: Kann man nun den Staat nicht auf die gehörigen Grenzen beschränken, so bleibt immer noch ein Ausweg, und zwar keine Hauptstadt zu dulden, jede Stadt der Reihe nach zum Sitze der Regierung zu machen und in ihnen auch abwechselnd die Volksversammlungen abzuhalten.

Behandelt die Gebiete gleichmäßig; gebet überall die gleichen Gesetze, verbreitet überall Wohlstand und Lebensfreude! So wird der Staat allemal der stärkste und bestregierte sein, wie nur irgend möglich. Denkt daran, daß die Mauern der Städte nur aus den Trümmern der Bauernhäuser errichtet werden. Bei jedem Schlosse, das ich in der Hauptstadt erstehen sehe, glaube ich die Schutthaufen einer ganzen Landschaft vor mir zu haben.

14. Kapitel

Fortsetzung

In dem Augenblicke, wo das Volk als oberherrlicher Körper gesetzmäßig versammelt ist, ruht jegliche Befehlsgewalt der Regierung, ist die vollziehende Gewalt aufgehoben und die Person des geringsten Bürgers ebenso heilig und unverletzlich wie die des höchsten Staatsbeamten, weil in der Anwesenheit des Vertretenen es keine Vertreter mehr gibt. Die meisten Unruhen, die zu Rom in den Comitien entstanden, rührten von der Unkenntnis oder Vernachlässigung dieses Grundsatzes her. Damals waren die Konsuln nur die Leiter der Volksversammlungen, die Tribunen bloße Sprecher und der Senat gar nichts.

Die Zwischenzeiten dieser Amtsaufhebung, in denen der Fürst einen wirklichen Oberherrn anerkennt oder wenigstens anerkennen sollte, sind ihm stets schrecklich gewesen; und diese Volksversammlungen, die den Schutz des politischen Körpers und den Zügel der Regierung bilden, sind stets den Oberhäuptern ein Greuel gewesen. Auch lassen sie es weder an Bemühungen noch Einwänden, weder an Schwierigkeiten noch Versprechungen fehlen, um sie den Staatsbürgern zu verleiden. Sind letztere geizig, feige, verzagt, lieben sie mehr die Ruhe als die Freiheit, so halten sie es gegen die immer neuen Anstrengungen der Regierung nicht lange aus. Bei der unaufhörlichen Steigerung ihres Widerstrebens schwindet schließlich die oberherrliche Gewalt und die meisten Gemeinwesen verfallen so und gehen vor der Zeit zugrunde. Aber zwischen die oberherrliche Macht und die unumschränkte Regierung schiebt sich bisweilen eine Mittelmacht ein, die noch einer Erwähnung bedarf.

15. Kapitel

Von den Abgeordneten oder Vertretern des Volkes

Sobald der Staatsdienst aufhört, die Hauptangelegenheit der Bürger zu sein, und sie ihm lieber mit ihrem Gelde als mit ihrer Person dienen, ist der Staat schon seinem Untergange nahe. Zum Kampfe schicken sie Miettruppen und bleiben zu Hause, zur Beratung ernennen sie Abgeordnete und bleiben wieder zu Hause. Infolge ihrer Trägheit und ihres Geldes haben sie schließlich Soldaten, das Vaterland zu unterjochen, und Vertreter, es zu verkaufen.

Das rastlose Treiben des Handels und der Künste, die nie zu befriedigende Gewinnlust, die Weichlichkeit und Bequemlichkeitsliebe bringen es dahin, daß jeder persönliche Dienst durch Geld ersetzt wird. Man tritt einen Teil seines Verdienstes ab, um desto ungestörter dem Mammon nachjagen zu können. Aber gebet nur Geld her und man wird euch bald mit Ketten lohnen. Das Wort Finanzen ist ein Sklavenwort und in einem wirklichen Gemeinwesen unbekannt. In einem wahrhaft freien Lande tun die Bürger alles mit ihren Armen und nichts mit dem Gelde; weit entfernt, sich von ihren Pflichten freizumachen, würden sie noch dafür bezahlen, sie persönlich zu erfüllen. Ich stimme der gewöhnlichen Ansicht durchaus nicht bei; ich bin überzeugt, daß Frondienste mit der Freiheit weniger im Widerspruch stehen als Abgaben.

Je vollendeter die Staatsverfassung ist, desto mehr überwiegen die öffentlichen Angelegenheiten in den Augen des Staatsbürgers die privaten. Es gibt dann sogar weit weniger Privatangelegenheiten, weil von der Summe der allgemeinen Wohlfahrt ein weit beträchtlicherer Teil auf die des einzelnen übergeht, und derselbe deshalb durch eigene Sorge weit weniger zu erringen braucht. In einem gut verwalteten Gemeinwesen eilt jeder zu den Versammlungen; unter einer schlechten Regierung hat niemand Lust, auch nur einen Schritt darum zu tun, weil an dem, was dort vorgeht, niemand Anteil nimmt. Es läßt sich voraussehen, daß der allgemeine Wille dort nicht zur Herrschaft gelangen wird, und die häuslichen Sorgen keine anderen Interessen zulassen. Aus den guten Gesetzen gehen noch bessere hervor, aus den schlechten noch schlechtere. Sobald man bei Staatsangelegenheiten die Worte hören kann: „Was geht das mich an?“ kann man darauf rechnen, daß der Staat verloren ist.

Die Erkaltung der Vaterlandsliebe, die Regsamkeit des Privatinteresses, die übertriebene Größe der Staaten, die Eroberungen, der Mißbrauch der Regierung haben den Gedanken erweckt, die Volksversammlungen nur durch Abgeordnete oder Vertreter abhalten zu lassen. In gewissen Ländern erdreistet man sich, solche Abgeordnete den dritten Stand zu nennen. In dieser Form nimmt das Privatinteresse zweier Klassen die erste und zweite Stelle ein, während dem Staatsinteresse die dritte überlassen bleibt.

Die Staatshoheit kann aus demselben Grunde, die ihre Veräußerung unstatthaft macht, auch nicht vertreten werden; sie besteht wesentlich im allgemeinen Willen, und der Wille läßt sich nicht vertreten; er bleibt derselbe oder er ist ein anderer; ein mittleres kann nicht stattfinden. Die Abgeordneten des Volkes sind also nicht seine Vertreter und können es gar nicht sein; sie sind nur seine Bevollmächtigten und dürfen nichts beschließen. Jedes Gesetz, das das Volk nicht persönlich bestätigt hat, ist null und nichtig; es ist kein Gesetz. Das englische Volk wähnt frei zu sein; es täuscht sich außerordentlich; nur während der Wahlen der Parlamentsmitglieder ist es frei; haben diese stattgefunden, dann lebt es wieder in Knechtschaft, ist es nichts. Die Anwendung, die es in den kurzen Augenblicken seiner Freiheit von ihr macht, verdient auch wahrlich, daß es sie wieder verliert.

Der Gedanke der Stellvertretung gehört der neueren Zeit an. Die Vertretung ist der Ausfluß jener unbilligen und sinnlosen Regierungsform der Feudalzeit, in der die Menschenwürde herabgewürdigt und der Name Mensch geschändet wird. In den alten Republiken, ja sogar in den Monarchien hatte das Volk nie Vertreter; man hatte in der Sprache nicht einmal ein Wort dafür. Es ist höchst auffallend, daß man sich in Rom, wo die Tribunen so heilige Personen waren, nie einfallen ließ, sie könnten sich die oberherrlichen Rechte des Volkes anmaßen, und daß sie sich inmitten einer so großen Volksmasse nie versucht fühlten, aus eigener Machtvollkommenheit eine Volksabstimmung zu umgehen. Von der Unordnung, die eine Volksmasse bisweilen herbeiführte, kann man sich jedoch nach dem ein Urteil bilden, was sich zur Zeit der Gracchen ereignete, wo viele Bürger ihre Stimmen von den Dächern herab abgaben.

Wo Recht und Freiheit alles sind, bedeuten solche Mißbräuche nichts. Bei jenem weisen Volke hatte alles das rechte Maß. Seine Lictoren durften sich herausnehmen, was seine Tribunen nie zu tun gewagt hätten; es brauchte nicht zu befürchten, daß seine Lictoren die Absicht hätten, es zu vertreten.

Um sich indessen zu erklären, wie es die Tribunen bisweilen doch vertraten, genügt die Kenntnis, wie die Regierung das Staatsoberhaupt vertritt. Da das Gesetz nur die Darlegung des allgemeinen Willens ist, so liegt es auf der Hand, daß das Volk in seiner gesetzgebenden Gewalt nicht vertreten werden kann, während es in der vollziehenden Gewalt, die nur die nach dem Gesetze angewandte Kraft ist, vertreten werden kann und sogar muß. Dies zeigt deutlich, daß man bei gründlicher Prüfung der Verhältnisse sehr wenige Völker finden würde, die Gesetze im eigentlichen Sinne haben. Wie dem auch sein möge, so ist doch so viel gewiß, daß die Tribunen, da sie an der vollziehenden Gewalt keinen Anteil hatten, nie berechtigt waren, das römische Volk von Amts wegen zu vertreten, sondern höchstens so, daß sie die Rechte des Senates an sich rissen.

Alles, was bei den Griechen das Volk zu tun hatte, tat es selbst: es war fortwährend auf den öffentlichen Plätzen versammelt. Ein mildes Klima war seine Heimat, und Habgier war ihm fremd; Sklaven verrichteten seine Arbeiten, alles drehte sich bei ihm nur um die Freiheit. Da kein Volk mehr die gleichen Vorteile besitzt, wie könnte es da noch dieselben Rechte behaupten? Durch unser rauheres Klima sind weit mehr Bedürfnisse hervorgerufen: sechs Monate im Jahre kann man es auf den öffentlichen Plätzen nicht aushalten, unsere klanglosen Sprachen bleiben in freier Luft unverständlich, wir sehen mehr auf

Gewinn als auf Freiheit und haben weit geringere Scheu vor der Sklaverei als vor der Armut.

Wie! Die Freiheit läßt sich nur mit Hilfe der Knechtschaft behaupten? Vielleicht. Die Extreme berühren sich. Alles, was nicht durch die Natur bedingt ist, hat seine Übelstände, und die bürgerliche Gesellschaft mehr als alles andere. Es gibt leider solche unglückseligen Lagen, daß man seine eigene Freiheit nur auf Kosten der Freiheit anderer behaupten, und der Bürger nur dadurch vollkommen frei sein kann, daß der Sklave in der allertiefsten Sklaverei schmachtet. Der Art war die Lage Spartas. Ihr Völker heutiger Zeit habt zwar keine Sklaven, aber dafür seid ihr es selbst; ihr bezahlt ihre Freiheit mit der eurigen. Ihr rühmt euch dieses Vorzugs vergeblich, ich finde darin mehr Feigheit als Menschlichkeit.

Mit dem allen will ich keineswegs behaupten, daß man sich Sklaven halten müsse, oder daß das Recht der Sklaverei gesetzmäßig sei; ich habe ja gerade das Gegenteil bewiesen. Ich gebe lediglich die Gründe an, weshalb die neueren Völker, die sich für frei halten, Vertreter haben, und weshalb die alten Völker keine hatten. Wie dem auch sei, sobald ein Volk Vertreter ernennt, ist es nicht mehr frei, existiert es nicht mehr.

Alles wohl erwogen begreife ich es nicht, wie es dem Staatsoberhaupte in Zukunft möglich ist, sich unter uns die Ausübung seiner Rechte zu bewahren, wenn nicht das Gemeinwesen sehr klein ist. Aber wird es in diesem Falle nicht unterjocht werden? Nein. Ich werde später zeigen, wie man die äußere Macht eines großen Volkes mit der gesunden Verwaltung und der guten Ordnung eines kleinen Staates vereinen kann.

16. Kapitel

Die Einsetzung der Regierung ist kein Vertrag

Sobald die gesetzgebende Gewalt einmal vollkommen gegründet ist, gilt es, die vollziehende Gewalt ebenfalls festzusetzen; denn letztere, die durch ihre Verfügungen nur auf einzelne wirkt, teilt nicht das Wesen der ersteren und ist von ihr von Natur verschieden. Wäre eine Möglichkeit vorhanden, daß das Staatsoberhaupt, als solches betrachtet, zugleich die vollziehende Gewalt ausübte, so würde das Recht und die Vollstreckung in einer Weise miteinander vermengt werden, daß man nicht mehr wissen würde, was Gesetz ist und was keins, und der auf diese Weise verdorbene politische Körper würde der Gewalttätigkeit, gegen die er gestiftet wurde, bald zur Beute werden.

Da die Staatsbürger nach dem Gesellschaftsvertrage sämtlich gleich sind, so können auch alle vorschreiben, was die Gesamtheit tun muß, während keiner verlangen darf, daß ein anderer etwas tue, was er nicht selbst verrichtet. Gerade dieses zur Belebung und Bewegung des Staatskörpers unentbehrliche Recht ist es eigentlich, das das Staatsoberhaupt bei der Gründung der Regierung dem Fürsten verleiht.

Einige wollen behaupten, der Akt dieser Einsetzung sei ein Vertrag zwischen dem Volke und den Oberhäuptern, die es sich gibt, ein Vertrag, durch den zwischen beiden Parteien die Bedingungen festgestellt würden, unter denen sich die eine zum Befehlen, die andere zum Gehorchen verpflichtete. Man wird mir sicherlich zugestehen, daß diese Weise, einen Vertrag abzuschließen, höchst sonderbar wäre. Wir wollen jedoch untersuchen, ob diese Ansicht haltbar ist.

Zunächst kann die höchste Gewalt ebensowenig geändert wie veräußert werden; ihre Beschränkung wäre ihre Vernichtung. Es ist ungereimt und steht mit sich selbst im Widerspruche, daß das Staatsoberhaupt einen ihm Vorgesetzten ernennen könne; sich verpflichten, einem Herrn zu gehorchen, hieße zur Freiheit des Naturstandes zurückkehren.

Ferner liegt es auf der Hand, daß ein Vertrag zwischen dem Volke und dieser oder jener Persönlichkeit nur ein Privatakt sein würde; daraus folgt, daß dieser Vertrag ebensowenig ein Gesetz wie ein oberherrlicher Akt sein könnte, und mithin ungesetzlich wäre.

Endlich sieht man ein, daß die beiden verhandelnden Teile in ihrem Verhältnisse zueinander nur unter dem Naturgesetze stehen würden und ohne jede Bürgschaft für ihre gegenseitigen Verpflichtungen blieben, was in jeder Hinsicht dem staatsbürgerlichen Zustande widerstreitet. Da derjenige, der die Macht in Händen hat, auch für immer der Herr der Vollzugsgewalt wäre, so könnte man es ebensogut einen Vertrag nennen, wenn jemand zu einem andern sagte: „Ich gebe dir mein ganzes Vermögen unter der Bedingung, daß du mir wiedergibst, was dir beliebt."

Es gibt im Staat nur einen Vertrag, der der gesellschaftlichen Vereinigung. Dieser schließt bereits jeden andern aus. Kein öffentlicher Vertrag ist denkbar, der nicht eine Verletzung des ersten wäre.

17. Kapitel

Von der Einsetzung der Regierung

Wie muß man denn nun den Akt, durch den die Regierung eingesetzt wird, auffassen? Ich will zunächst bemerken, daß es ein zusammengesetzter oder aus zwei anderen bestehender Akt ist, und zwar dem Erlaß des Gesetzes und seinem Vollzug.

Durch die erste beschließt das Staatsoberhaupt, daß ein Regierungskörper unter dieser oder jener Form eingeführt werden soll, und dieser Akt ist offenbar ein Gesetz.

Durch die zweite ernennt das Volk die Oberhäupter, die mit der nun festgesetzten Regierung betraut werden sollen. Da diese Ernennung nur ein sich auf einzelne beziehender Akt ist, so ist er kein zweites Gesetz, sondern lediglich die Folge des ersten und eine Amtsverrichtung der Regierung.

Die Schwierigkeit liegt darin, sich darüber klar zu werden, wie von einem Regierungsakt die Rede sein kann, ehe die Regierung besteht, und wie das Volk, das nur Staatsoberhaupt oder Untertan ist, unter gewissen Umständen Fürst oder Regierung werden kann.

Hier enthüllt sich wieder eine jener wunderbaren Eigenschaften des politischen Körpers, die ihn befähigen, scheinbar sich widersprechende Wirkungen in Übereinstimmung zu bringen, denn sie zeigt sich in einer plötzlichen Verwandlung der Oberherrlichkeit in Demokratie, so daß ohne eine wahrnehmbare Veränderung und lediglich durch ein neues Verhältnis aller zu allen die zu obrigkeitlichen Personen gewordenen Staatsbürger von allgemeinen Beschlüssen zu besonderen, und vom Gesetze zur Vollstreckung übergehen.

Dieser Wandel der Verhältnisse ist nicht etwa eine spekulative Spitzfindigkeit, die in der Praxis beispiellos dastände. Täglich kommt sie im englischen Parlamente vor, wo sich bei gewissen Gelegenheiten das Unterhaus in einen einzigen Ausschuß verwandelt, um die Staatsangelegenheiten gründlicher zu beraten, und auf diese Weise wird aus dem oberherrlichen Organ, das es noch den Augenblick vorher war, eine einfache Ausschuß-Sitzung. So legt es sich selbst, als dem Hause der Gemeinen, Rechenschaft von dem ab, was es als allgemeiner Ausschuß beschlossen hat, und entscheidet noch einmal in einer neuen Funktion das, was es schon in einer anderen beschlossen hat.

Der eigentümliche Vorzug der demokratischen Regierung besteht also darin, daß sie im Grunde durch bloßen Beschluß des allgemeinen Willens eingeführt werden kann. Danach bleibt diese einstweilige Regierung bestehen, wenn sie die angenommene Form hat, oder sie setzt im Namen des Staatsoberhauptes die gesetzlich vorgeschriebene Regierung ein, und alles befindet sich dann in der Ordnung. Es ist unmöglich, die Regierung auf irgendeine andere Weise gesetzmäßig und ohne Verzicht auf die bisher aufgestellten Grundsätze einzusetzen.

18. Kapitel

Mittel, den Usurpationen der Regierungen vorzubeugen

Zur Bestätigung der im sechzehnten Kapitel aufgestellten Behauptungen geht aus diesen Erläuterungen klar hervor, daß der Akt der Regierungseinsetzung kein Vertrag, sondern ein Gesetz ist, daß die Träger der vollziehenden Gewalt nicht die Herren, sondern die Diener des Volkes sind, die es, sobald es ihm beliebt, ein- und absetzen kann; daß es sich also in bezug auf sie nicht um den Abschluß eines Vertrages, sondern nur um Gehorchen handelt, und daß sie durch Übernahme der ihnen vom Staate übertragenen Geschäfte nur ihre Pflicht als Bürger erfüllen, ohne irgendwie berechtigt zu sein, über die Bedingungen zu streiten.

Sollte es also geschehen, daß das Volk eine erbliche Regierung, sei es eine monarchische in einer einzigen Familie, oder eine aristokratische in einer Klasse der Staatsbürger einführte, so übernimmt es dadurch keinerlei Verpflichtung, es gibt der Verwaltung nur eine vorläufige Form, bis es ihm beliebt, eine andere einzurichten.

Dergleichen Veränderungen sind allerdings stets gefährlich, und an der einmal bestehenden Regierungsform sollte niemals gerührt werden, bis sie mit dem Gemeinwohl unvereinbar wird. Diese Vorsicht ist indessen nur eine Regel der Staatsklugheit und keineswegs eine Vorschrift des Rechtes, und der Staat ist ebensowenig verpflichtet, seinen Oberhäuptern die staatsbürgerliche Gewalt zu lassen, wie seinen Generälen die Kriegsmacht.

Ferner unterliegt es keinem Zweifel, daß man in einem solchen Falle nicht sorgfältig genug alle gebotenen Förmlichkeiten beobachten kann, um den Unterschied zwischen einer ordnungsmäßigen, gesetzlichen Handlung und einer aufrührerischen Empörung, zwischen dem Willen eines ganzen Volkes und dem Geschrei einer Partei hervorzuheben. Hier namentlich darf man den widerwärtigen Lagen nicht mehr nachgeben, als man ihnen nach der ganzen Strenge des Rechtes nicht versagen kann, und eben aus dieser Verpflichtung zieht der Fürst einen großen Vorteil, um seine Gewalt auch wider den Willen des Volkes zu behaupten, ohne daß man von einer Machtanmaßung sprechen könnte; denn unter dem Anscheine, nur von seinen Rechten Gebrauch zu machen, wird es ihm sehr leicht, sie auszudehnen, und unter dem Vorwande der öffentlichen Ruhe die zur Wiederherstellung der guten Ordnung anberaumten Versammlungen zu verhindern. Er legt ein Stillschweigen, das er zu brechen verwehrt, zu seinem Vorteile aus oder benutzt Unregelmäßigkeiten, zu denen er selbst die Veranlassung gegeben, um das Schweigen der Furcht für Einwilligung erklären und die strafen zu können, die zu reden wagen. Auf diese Weise versuchten die Dezemvirn, die zunächst nur auf ein Jahr gewählt und später für das nächste bestätigt worden waren, ihre Gewalt dadurch für immer zu behalten, daß sie den Comitien nicht mehr gestatteten, sich zu versammeln; und durch das gleiche leichte Mittel reißen alle Regierungen der Welt, einmal mit der Staatsgewalt bekleidet, die oberherrliche Gewalt früher oder später an sich.

Die von mir oben erwähnten regelmäßig wiederkehrenden Versammlungen sind am besten geeignet, diesem Unglück vorzubeugen oder es doch zu verzögern, zumal wenn es nicht erst einer förmlichen Einberufung dazu bedarf; denn alsdann vermag sie der Fürst nicht zu verhindern, ohne sich offen als Gesetzesbrecher und Staatsfeind zu erklären.

Diese Versammlungen, die lediglich die Aufrechterhaltung des Gesellschaftsvertrages zum Gegenstande haben, müssen regelmäßig durch zwei Anträge eingeleitet werden, die nie weggelassen werden dürften und getrennt voneinander zur Abstimmung kommen müßten:

Erstens: Ist das Staatsoberhaupt damit einverstanden, die gegenwärtige Regierungsform beizubehalten?

Zweitens: Ist das Volk damit einverstanden, die Verwaltung den bisher damit Betrauten auch fernerhin zu lassen?

Hier setze ich voraus, was ich übrigens bewiesen zu haben glaube, daß es im Staate kein Grundgesetz gibt, das nicht, sogar mit Einschluß des Gesellschaftsvertrages, widerrufen werden könnte; denn versammelten sich alle Bürger, um diesen Vertrag einstimmig aufzuheben, so wäre diese Aufhebung unzweifelhaft doch völlig gesetzmäßig. Grotius meint sogar, daß jeder dem

Staate, dessen Glied er ist, entsagen und unter Auswanderung aus dem Lande seine natürliche Freiheit wie sein Vermögen zurücknehmen könne. Ungereimt würde es nun sein, wenn die Gesamtheit aller Bürger das nicht tun dürfte, wozu jeder einzelne berechtigt ist.

Viertes Buch

1. Kapitel

Der allgemeine Wille ist unzerstörbar

Solange mehrere vereinigte Menschen sich als einen einzigen Körper betrachten, haben sie nur einen einzigen Willen, der die gemeinsame Erhaltung und die allgemeine Wohlfahrt zum Gegenstande hat. Dann sind alle Triebfedern des Staates kräftig und einfach, und seine Grundsätze klar und deutlich; er hat keine verwickelten, einander widersprechenden Interessen; das Gemeinwohl tritt überall sichtlich hervor, und es bedarf nur gesunder Vernunft, um es wahrzunehmen. Friede, Einigkeit und Gleichheit sind Feindinnen politischer Spitzfindigkeiten. Aufrichtige und einfache Menschen sind gerade ihrer Einfachheit wegen schwer hinter das Licht zu führen; für Betrügereien und bestechende Vorspiegelungen sind sie nicht empfänglich; sie sind nicht einmal fein genug, um sich überlisten zu lassen. Wenn man sieht, wie bei dem glücklichsten Volke auf Erden Scharen von Landleuten die Staatsangelegenheiten unter einer Eiche entscheiden und dabei stets mit großer Weisheit zu Werke gehen, kann man sich dann wohl erwehren, die Spitzfindigkeiten anderer Völker zu verachten, die sich mit einer solchen Fülle von Kunst und Geheimnistuerei berühmt und elend machen?

Ein auf solche Weise regierter Staat hat nur wenige Gesetze nötig, und je notwendiger sich der Erlaß neuer macht, desto allgemeiner wird auch diese Notwendigkeit anerkannt. Wer sie zuerst vorschlägt, spricht nur aus, was schon alle längst gefühlt, und es ist nicht erst von Kabalen und Beredsamkeitsergüssen die Rede, um etwas zum Gesetz zu erheben, was jeder schon selbst zu tun beschlossen hat, sobald er nur sicher wäre, daß die anderen seinem Beispiele folgen würden.

Was die Schwätzer namentlich täuscht, ist der Umstand, daß sie nur Staaten im Auge haben, die von ihrem Entstehen an eine schlechte Verfassung hatten, und es daher für unmöglich halten, eine derartige Politik durchzuführen. Sie lachen bei der Vorstellung von all den Dummheiten, die ein gewandter Schurke, ein Schmeichelredner dem Volk von Paris oder London auf schwätzen könnte. Sie wissen nicht, daß Cromwell von den Bernern ins Irrenhaus gesperrt und der Herzog von Beaufort von den Genfern ins Gefängnis geworfen worden wäre.

Sobald aber das gesellschaftliche Band zu erschlaffen und der Staat schwach zu werden beginnt; sobald die Privatinteressen sich immer mehr geltend zu machen und die kleinen Gesellschaften auf die große einzuwirken anfangen: dann leidet das gemeinsame Interesse und findet Gegner; es herrscht keine Einstimmigkeit mehr; der allgemeine Wille ist nicht mehr der Wille aller; es erheben sich Widersprüche und Streitigkeiten, und die beste Ansicht wird nicht ohne lebhafte Wortgefechte angenommen.

Kurz, besteht der seinem Untergange nahe Staat nur noch durch eine illusorische und leere Form; ist das gesellschaftliche Band in allen Herzen zerrissen; trägt der schnödeste Eigennutz schamlos den heiligen Namen des öffentlichen Wohles zur Schau: dann verstummt der allgemeine Wille; von geheimen Beweggründen geleitet stimmen alle dann so wenig staatsbürgerlich, als hätte es nie einen Staat gegeben, und unter dem Namen von Gesetzen bringt man fälschlicherweise unbillige Verordnungen zur Geltung, die nur das Privatinteresse bezwecken.

Folgt etwa daraus, daß der allgemeine Wille vernichtet oder verfälscht sei? Nein, er ist immer beständig, unwandelbar und lauter; aber er ist anderen untergeordnet, die ihn überwiegen. Jeder, der sein Interesse von dem allgemeinen loslöst, sieht sehr wohl ein, daß er nicht imstande ist, es völlig davon zu trennen; aber sein Anteil an dem öffentlichen Elende scheint ihm im Hinblick auf das besondere Wohl, das er sich anzueignen gedenkt, gering und nichtig. Von diesem privaten Wohl abgesehen, will er schon um seines eigenen Vorteils willen das allgemeine Beste ebenso eifrig wie irgendein anderer. Sogar wenn er seine Stimme für Geld verkauft, vernichtet er den allgemeinen Willen nicht in sich; er umgeht ihn nur. Der Fehler, den er begeht, besteht in der Änderung der Fragestellung; er antwortet auf etwas ganz anderes, als er gefragt ist. Anstatt durch Abgabe seiner Stimme zu sagen: „Es ist dem Staate vorteilhaft", sagt er: „Es ist diesem oder jenem Manne dieser oder jener Partei vorteilhaft, daß dieser oder jener Antrag durchgeht." Auf diese Weise erfordert das Gesetz der öffentlichen Ordnung in den allgemeinen Versammlungen nicht so sehr, daß der allgemeine Wille erhalten bleibe, als daß er stets befragt wird und auch stets antwortet.

Hier ließen sich noch allerlei Betrachtungen über das einfache Recht anstellen, bei jedem oberherrlichen Akte seine Stimme abzugeben, ein Recht, das den Staatsbürgern aus keiner Rücksicht entzogen werden darf, so wie über das Recht Anträge zu stellen, Verbesserungen vorzuschlagen, Einteilungen vorzunehmen, zu verhandeln, lauter Rechte, die die Regierung immer nur ihren Mitgliedern zu überlassen bestrebt war; aber dieser wichtige Gegenstand würde eine besondere Abhandlung erfordern, und in diesem Werke vermag ich nicht alles zu sagen.

2. Kapitel

Von den Abstimmungen

Das vorhergehende Kapitel lehrt, daß die Art der Behandlung der öffentlichen Angelegenheiten ein ziemlich sicheres Kennzeichen von dem herrschenden Sittenzustande und der Gesundheit des politischen Körpers abgeben kann. Je größere Übereinstimmung in den Versammlungen herrscht, das heißt, je mehr sich die gefaßten Beschlüsse der Einstimmigkeit nähern, desto größere Herrschaft gewinnt auch der allgemeine Wille, während langdauernde Wortgefechte, Uneinigkeiten und Lärmen das Wachsen der Privatinteressen und das Sinken des Staates anzeigen.

Dies tritt weniger deutlich hervor, wenn die Verfassung zwei oder mehrere Stände anerkennt, wie zu Rom die Patrizier und Plebejer, deren Streitigkeiten, selbst in den schönsten Zeiten der Republik, die Comitien oft störten. Allein diese Ausnahme ist mehr scheinbar als wirklich; denn infolge der dem politischen Körper anhaftenden Unvollkommenheit gibt es alsdann gleichsam zwei Staaten in einem; was nun von beiden zusammen nicht gilt, gilt doch von jedem für sich allein. Und in der Tat gingen selbst in den stürmischsten Zeiten die Volksbeschlüsse, sobald sich der Senat nicht hineinmischte, stets ruhig und mit großer Stimmenmehrheit durch; da die Staatsbürger nur ein Interesse hatten, so hatte das Volk nur einen Willen.

Dieselbe Einmütigkeit kehrt wieder am entgegengesetzten Ende des Zirkels, sobald die zur Sklaverei hinabgesunkenen Staatsbürger der Freiheit und des Willens beraubt sind. Alsdann verwandeln Furcht und Schmeichelei die Stimmabgabe in Beifallgeschrei; man beratschlagt nicht mehr, man vergöttert oder verflucht nur noch. Auf so schändliche Weise stimmte der Senat unter den

Kaisern ab; bisweilen beobachtete er dabei eine lächerliche Vorsicht. Tacitus ist es nicht entgangen, daß zur Zeit des Kaisers Otho die Senatoren, während sie Vitellius mit Verwünschungen überhäuften, sich zugleich einen furchtbaren Lärm zu erheben bemühten, damit Vitellius, wenn er vielleicht doch die Herrschaft an sich risse, nicht wissen könnte, was jeder von ihnen gesagt hätte.

Aus diesen verschiedenen Betrachtungen gehen nun die Grundsätze hervor, nach denen man die Zählung der Stimmen wie die Vergleichung der Meinungen festzusetzen hat, je nachdem sich der allgemeine Wille mehr oder weniger leicht erkennen läßt und sich der Staat mehr oder weniger dem Verfalle zuneigt.

Es gibt nur ein einziges Gesetz, das seiner Natur nach eine einstimmige Genehmigung verlangt, den Gesellschaftsvertrag; denn die staatsbürgerliche Vereinigung ist die freiwilligste Handlung von der Welt. Da jeder Mensch von Geburt frei und sein eigener Herr ist, so kann ihn sich niemand, unter welchem Vorwande es auch sein möge, ohne seine Einwilligung unterwerfen. Bestimmen, daß der Sohn eines Sklaven als Sklave geboren werde, heißt bestimmen, daß er nicht als Mensch geboren werde.

Wenn demnach bei Gründung des Gesellschaftsvertrages einige Widerspruch erheben, so macht ihre Meinung ihn nicht ungültig, sondern schließt die Gegner nur von ihm aus; sie gelten unter den Staatsbürgern als Fremde. Ist der Staat gegründet, so bedeutet ihr Bleiben Zustimmung; das Staatsgebiet bewohnen, heißt sich der Oberherrlichkeit unterwerfen.

Außer diesem grundlegenden Vertrage ist Stimmenmehrheit für alle übrigen verbindlich; dies ist eine unmittelbare Folge des Vertrages selbst. Man wird jedoch die Frage aufwerfen: Wie kann ein Mensch frei sein und doch gezwungen, sich Willensmeinungen zu fügen, die nicht die seinigen sind? Wie können die Opponenten frei und zugleich Gesetzen unterworfen sein, denen sie nicht zugestimmt haben?

Ich antworte darauf, daß die Frage schlecht gestellt ist. Der Staatsbürger gibt zu allen Gesetzen seine Einwilligung, sogar zu denen, die wider seinen Willen gefaßt werden, ja er nimmt auch die an, die ihn strafen, falls er es wagen sollte, eines derselben zu übertreten. Der beständig in Kraft bleibende Wille aller Staatsglieder ist der allgemeine Wille; durch ihn sind sie erst Staatsbürger und frei. Bei einem Gesetzesvorschlage in der Volksversammlung fragt man sie nicht eigentlich, ob sie dem Vorschlag zustimmen oder ihn verwerfen, sondern ob er dem allgemeinen Willen entspricht oder nicht, der ihr eigener Wille ist, und aus der Stimmenzahl ergibt sich die Bekundung des allgemeinen Willens. Wenn mithin meine Ansicht der entgegengesetzten unterliegt, so beweist dies nichts anderes als daß ich mich geirrt hatte, und dasjenige, was ich für den allgemeinen Willen hielt, es nicht war. Hätte meine Einzelstimme die Oberhand gewonnen, so hätte ich etwas ganz anderes getan als ich gewollt; gerade dann wäre ich nicht frei gewesen.

Dies setzt freilich voraus, daß die Stimmenmehrheit noch alle Kennzeichen des allgemeinen Willens an sich trägt. Sind diese im Schwinden begriffen, so gibt es keine Freiheit mehr, welche Partei man auch ergreife.

Als ich oben den Nachweis führte, wie man in den öffentlichen Beratschlagungen den Willen einzelner an die Stelle des allgemeinen Willens setzen könnte, habe ich auch ausführlich die wirksamsten Mittel angegeben, diesem Mißbrauche vorzubeugen; ich werde später noch mehr darüber sagen. In gleicher Weise habe ich auf die Grundsätze hingewiesen, nach denen die verhältnismäßige Stimmenzahl festzusetzen ist, aus der sich der allgemeine Wille ergibt. Der Unterschied einer einzigen Stimme vernichtet die Gleichheit, ein einziger Gegner die Einmütigkeit, aber zwischen Einmütigkeit und Gleichheit gibt es mehrere ungleiche Teile, deren Anzahl jedesmal von der Lage und den Bedürfnissen des politischen Körpers abhängt.

Zwei allgemeine Grundsätze können zur Regelung dieser Verhältnisse dienen. Der erste lautet: je wichtiger und ernster die Beschlüsse sind, um so mehr muß der gültige Beschluß sich der Einstimmigkeit nähern; und der zweite: je größere Beschleunigung die zur Beratung gelangte Angelegenheit erfordert, um so mehr muß man das bei Meinungsverschiedenheit vorgeschriebene Mehrheitsverhältnis einschränken; bei augenblicklich zu treffenden Entscheidungen muß schon die Mehrheit einer einzigen Stimme genügen. Der erste Grundsatz entspricht offenbar mehr den Gesetzen, der zweite dient mehr der Geschäftsführung. Wie dem aber auch sei: sicherlich setzt man am besten aus der Verbindung beider das Maß der Stimmenmehrheit fest.

3. Kapitel

Von den Wahlen

Die Wahlen der Regierung und der Behörden, die, wie bereits gesagt, zusammengesetzte Akte sind, lassen eine doppelte Verfahrungsweise zu: die Wahl und das Los. Beide haben in verschiedenen Republiken Anwendung gefunden, und noch gegenwärtig sieht man ein sehr verworrenes Gemisch von beiden bei der Wahl des Dogen von Venedig.

„Die Entscheidung durch das Los“, sagt Montesquieu, „entspricht dem Wesen der Demokratie.“ Ich will es gern zugeben, aber weshalb? „Das Losen“, fährt er fort, „ist eine Art zu wählen, die niemanden verletzt; es läßt jedem Staatsbürger eine vernünftige Hoffnung, seinem Vaterlande zu dienen.“ Das sind aber keine Gründe.

Wenn man berücksichtigt, daß die Wahl der Behörden Aufgabe der Regierung und nicht des Staatsoberhauptes ist, so begreift man, weshalb die Entscheidung durch das Los mehr in dem Wesen der Demokratie liegt, deren Verwaltung um so besser ist, je einfachere Verrichtungen sie nötig hat.

In jeder wahren Demokratie ist ein Amt kein Vorteil, sondern eine drückende Last, mit der billigerweise der eine nicht mehr als der andere beschwert werden darf. Das Gesetz allein darf sie dem auferlegen, auf den das Los fällt. Denn da sich hierbei alle in gleicher Lage befinden und die Wahl von keinem menschlichen Willen abhängt, so kann auch keine besondere Beeinflussung stattfinden, worunter die Allgemeinheit des Gesetzes leiden würde.

In der Aristokratie wählt der Fürst den Fürsten, die Regierung erhält sich durch sich selbst, und hier ist deshalb die Abstimmung ganz am Platze.

Das Beispiel der Wahl des Dogen von Venedig spricht nicht gegen diesen Unterschied, sondern bestätigt ihn vielmehr; diese verwickelte Form ist einer gemischten Regierung ganz angemessen. Denn man täuscht sich, wenn man die Regierung von Venedig für eine wirkliche Aristokratie hält. Wenn das Volk dort keinen Anteil an der Regierung hat, so ist dafür der Adel selbst das Volk. Viele arme Edelleute erlangen nie ein obrigkeitliches Amt und haben von ihrem Adel nichts als den leeren Titel Exzellenz sowie das Recht, dem Großen Rate beizuwohnen. Da dieser Große Rat ebenso zahlreich ist wie unser allgemeiner Rat zu Genf, so haben seine erlauchten Mitglieder nicht mehr Vorrechte als unsere einfachen Bürger. Abgesehen von der außerordentlich großen Ungleichheit beider Republiken, ist doch unzweifelhaft die Genfer Bürgerschaft (bourgeoisie) ein treues Abbild des Venetianischen Patriziates, unsere eingeborenen Stadtbewohner entsprechen den Bürgern und dem Volk von Venedig, unsere Bauern den dortigen Untertanen auf dem Festlande; kurz, wie man jene Republik auch betrachten möge, so ist, von ihrer Größe abgesehen, ihre Regierung nicht aristokratischer als unsere Genfer. Der ganze Unterschied besteht darin, daß wir die Wahl durch das Los nicht nötig haben, weil wir kein Oberhaupt auf Lebenszeit haben.

In einer wahren Demokratie würde die Erwählung durch das Los wenig Schwierigkeiten bieten. Da in ihr sowohl in bezug auf Sitten und Talente als auch auf Grundsätze und Vermögensverhältnisse die vollkommenste Gleichheit herrschte, so würde der Ausfall der Wahl ziemlich gleichgültig sein. Aber wie bereits gesagt, hatte es noch nie eine wahre Demokratie gegeben.

Wenn Wahl und Los gemischt angewandt werden, so muß erstere für solche Stellen vorbehalten bleiben, die besondere Gaben verlangen, wie für militärische Dienstleistungen; die Entscheidung durch das Los eignet sich dagegen bei denjenigen Stellen, für die gesunde Vernunft, Gerechtigkeitssinn und Unbescholtenheit hinreichen, wie bei richterlichen Ämtern, weil diese Eigenschaften in einem Staate mit guter Verfassung Gemeingut aller Bürger sind.

Unter einer monarchischen Regierung ist weder Los noch Abstimmung am Platze. Da der Monarch von Rechts wegen der einzige Fürst und die alleinige Obrigkeit ist, so liegt ausschließlich ihm die Ernennung seiner Stellvertreter ob. Als der Abbé von Saint-Pierre den Vorschlag machte, in Frankreich die königlichen Räte zu vermehren und sie durch das Los zu bestimmen, war er sich darüber nicht klar, daß er damit eine Änderung der Regierungsform vorschlug.

Jetzt bliebe mir noch übrig, über die Art der Abgabe und Einsammlung der Stimmen in der Volksversammlung zu reden, aber vielleicht wird die geschichtliche Entwicklung der römischen Staatsverwaltung in dieser Hinsicht die Grundsätze, die ich darüber aufstellen könnte, weit deutlicher darlegen. Es ist eines urteilsfähigen Lesers nicht unwürdig, ein wenig im einzelnen zu erfahren, wie die Staats- und Privatangelegenheiten in einer Versammlung von zweihunderttausend Menschen sich erledigten.

4. Kapitel

Von den römischen Comitien

Aus den ältesten Zeiten Roms besitzen wir keine ganz sicheren Denkmäler; es hat sogar einen hohen Grad von Wahrscheinlichkeit, daß das meiste, was davon erzählt wird, dem Fabelreiche angehört, und gewöhnlich fehlt uns gerade der lehrreichste Teil der Annalen der Völker, die Geschichte ihrer Entstehung, fast ganz. Täglich lehrt uns die Erfahrung, aus welchen Ursachen die Revolutionen der Staaten entstehen; da sich jedoch keine Völker mehr bilden, so können wir über die Art ihrer Entstehung nur Mutmaßungen hegen.

Die Gebräuche, die man eingeführt findet, beweisen wenigstens, daß sie einen Ursprung gehabt haben. Von den Überlieferungen, die auf diese Urquellen zurückführen, müssen diejenigen als die sichersten betrachtet werden, die die meiste Gewähr und die stärksten Gründe für sich haben. Diesen Grundsatz habe ich mich zu befolgen bemüht, indem ich untersuchte, wie das freieste und mächtigste Volk der Erde seine höchste Gewalt ausübte.

Nach der Erbauung Roms wurde die sich bildende Republik, das heißt das Heer des Erbauers, das aus Albanern, Sabinern und Fremden bestand, in drei Klassen geteilt, die nach dieser Einteilung den Namen Tribus erhielten. Jede Tribus wurde wieder in zehn Curien und jede Curie in Decurien geteilt, denen man Curionen und Decurionen genannte Oberhäupter an die Spitze stellte.

Außerdem hob man aus jeder Tribus eine Schar von hundert Reitern oder Rittern, Centurie genannt, aus, woraus ersichtlich ist, daß diese für einen kleinen Flecken kaum notwendigen Einteilungen zuerst lediglich militärischer Natur waren. Allein eine Ahnung ihrer zukünftigen Größe scheint die kleine Stadt dahin gebracht zu haben, sich schon im voraus eine der Welthauptstadt ziemende Verfassung zu geben.

Diese erste Teilung hatte jedoch bald einen Übelstand zur Folge. Während die Tribus der Albaner (Ramnenses) und die der Sabiner (Tatientes) stets auf derselben Stufe verharrten, nahm die der Fremden (Luceres) durch das beständige Zuströmen neuer Ansiedler unaufhörlich zu, so daß die letzte endlich die beiden anderen zusammengenommen überflügelte. Diesem gefährlichen Mißverhältnis trat Servius Tullius durch eine veränderte Einteilung entgegen, indem er nach Abschaffung der Stammeseinteilung eine andere nach den Stadtteilen, die jede Tribus bewohnte, einführte. Aus den bisherigen drei Tribus bildete er deren vier, deren jede einen der römischen Hügel einnahm und nach ihm den Namen führte. Indem er so der bestehenden Ungleichheit abhalf, beugte er auch noch für die Zukunft jeder anderen vor; und damit diese Einteilung nicht bloß für die Stadtteile, sondern auch für die Menschen gültig wäre, verbot er den Einwohnern, aus einem Stadtviertel in ein anderes zu ziehen, was eine Vermischung der einzelnen Stämme unmöglich machte.

Ferner verdoppelte er die drei alten Centurien der Ritter und fügte deren zwölf neue, aber immer unter den alten Namen, hinzu, ein einfacher und kluger

Ausweg, durch den er endgültig einen Unterschied zwischen dem Ritterstande und der großen Volksmasse festsetzte, ohne diese in Aufregung zu versetzen.

Zu den vier städtischen Tribus fügte Servius noch fünfzehn andere hinzu, die ländliche Tribus genannt wurden, weil sie aus den Bewohnern des in ebenso viele Bezirke eingeteilten Landes gebildet waren. In der Folge traten noch ebensoviel neue hinzu und schließlich zerfiel das römische Volk in fünfunddreißig Tribus, die auch bis zum Ende der Republik beibehalten wurden.

Aus dieser Unterscheidung zwischen städtischen und ländlichen Tribus ging eine beachtenswerte Wirkung hervor, weil sie beispiellos dasteht und Rom ihr nicht nur die Erhaltung seiner Sitten, sondern auch die Zunahme seiner Macht verdankt. Man sollte meinen, die städtischen Tribus würden sich Macht und Ehre bald allein angemaßt und nicht gesäumt haben, die ländlichen herabzuwürdigen: das Gegenteil trat ein. Man weiß, wie sehr die alten Römer das Landleben liebten. Zu dieser Vorliebe für dasselbe hatte sie jener weise Gesetzgeber erzogen, der die ländlichen Arbeiten und die kriegerischen Übungen auf das engste mit der Freiheit verband und Künste, Gewerbe, Ränke, Reichtum und Sklaverei gleichsam in die Stadt verbannte.

Auf diese Weise gewöhnte man sich, da alle berühmten Männer Roms auf dem Lande lebten und das Feld bestellten, nur hier die Stützen der Republik zu suchen. Der Stand der Landleute, zu dem die würdigsten Patrizier gerechnet wurden, stand in allgemeiner Achtung. Ihr einfaches und arbeitsames Leben fand vor dem müßigen und weichlichen Leben der Städter den Vorzug, und mancher, der in Rom nur ein unglücklicher Proletarier gewesen wäre, wurde als Landmann zu einem geachteten Bürger. Nicht ohne Grund, sagte Varro, errichteten unsere hochherzigen Vorfahren auf dem Lande die Pflanzschule jener kräftigen und heldenmütigen Männer, die sie im Kriege verteidigten und im Frieden ernährten. Plinius erklärt ganz bestimmt, daß die ländlichen Tribus wegen der zu ihnen gehörenden Männer geehrt wurden, während man die Feiglinge, die man herabwürdigen wollte, zum Schimpf in die städtischen verwies. Als sich der Sabiner Appius Claudius in Rom niederlassen wollte, wurde er mit Ehrenerweisungen überhäuft und in eine ländliche Tribus eingeschrieben, die in der Folge den Namen seiner Familie annahm. Endlich traten auch die Freigelassenen sämtlich in die städtischen und nie in die ländlichen Tribus ein, während der ganzen Dauer der Republik kam kein Beispiel vor, daß irgendein Freigelassener, selbst wenn er römischer Bürger geworden, zu einem Staatsamt gelangt wäre.

Dieser Grundsatz war vortrefflich, wurde aber so weit getrieben, daß mit der Zeit eine Änderung, und sicherlich eine mißbräuchliche, in der Verfassung hervorging.

Erstens gestatteten die Zensoren, nachdem sie sich schon längst das Recht einer willkürlichen Versetzung der Bürger aus einer Tribus in die andere angemaßt hatten, den meisten, sich in jede beliebige einschreiben zu lassen. Dieses Verfahren führte sicherlich zu nichts Gutem und raubte der Zensur eines ihrer wesentlichen Aufgabengebiete. Dazu trat noch ein anderer Umstand. Da sich die Großen und Mächtigen sämtlich in die Landtribus einschreiben ließen, während die Freigelassenen, die Bürger geworden waren, mit der großen Volksmasse in den städtischen blieben, so hatten die Tribus überhaupt keinen festen Ort und festes Gebiet mehr, sondern waren alle derartig vermischt, daß man die Mitglieder einer jeden nur nach den Listen zu bestimmen vermochte, so daß der Begriff des Wortes Tribus vom Sachlichen auf das Persönliche überging oder vielmehr fast zu einem leeren Begriff wurde.

Es kam ferner vor, daß die städtischen Tribus, da sie ja näher lagen, in den Comitien zahlreicher vertreten waren und den Staat jedem verkauften, der sich herbeiließ, die Stimmen des sie bildenden Pöbels zu erkaufen.

Da jede Tribus von dem Gründer wieder in zehn Curien eingeteilt war, so zerfiel das ganze damals noch innerhalb der Stadtmauern eingeschlossene römische Volk in dreißig Curien, deren jede ihre eigenen Tempel, Götter, Beamte, Priester und Feste, die sogenannten compitalia hatte, die sich mit den späteren paganalia der ländlichen Tribus vergleichen lassen.

Da sich bei der neuen Einteilung unter Servius Tullius die Zahl dreißig nicht gleichmäßig unter den von ihm eingeführten vier Tribus verteilen ließ und er keine Änderung vornehmen wollte, wurden die Curien von den Tribus unabhängig und ergaben eine andere Einteilung der Stadtbewohner. Dagegen war von Curien keine Rede mehr weder bei den ländlichen Tribus noch beim Landvolk, aus dem sie sich zusammensetzten; und da die Tribus eine rein bürgerliche Einrichtung geworden waren und ein anderes Verfahren für die Truppenaushebung sich eingeführt hatte, erwiesen sich die militärischen Einrichtungen des Romulus als überflüssig. So kam es, daß zwar jeder Bürger in eine Tribus eingeschrieben war, aber bei weitem nicht jeder in eine Curie.

Servius Tullius machte noch eine dritte Einteilung, die mit den beiden vorhergehenden in keinerlei Beziehung stand und in ihren Wirkungen die wichtigste von allen wurde. Er teilte das ganze römische Volk in sechs Klassen, die sich weder nach der Abstammung noch nach der Verwandtschaft, sondern nach dem Vermögen richteten, so daß die ersten Klassen die Reichen, die letzten die Armen und die mittleren diejenigen umfaßten, die sich nur eines bescheidenen Vermögens zu erfreuen hatten. Diese sechs Klassen zerfielen wieder in einhundertdreiundzwanzig Unterabteilungen, die Centurien hießen und unter jene derart verteilt waren, daß die erste Klasse allein deren über die Hälfte in sich begriff, während die letzte nur eine einzige Centurie bildete. Demnach gehörten der Klasse, die die wenigsten Menschen zählte, die meisten Centurien an, und die ganze letzte Klasse wurde nur als eine Unterabteilung betrachtet, obgleich sie allein mehr als die Hälfte der Einwohner Roms umfaßte.

Damit das Volk die Folgen dieser letzten Einrichtung nicht so leicht durchschaute, suchte ihr Servius ein militärisches Äußere zu geben. In die zweite Klasse fügte er zwei Centurien von Waffenschmieden und in die vierte zwei von Kriegsbaumeistern ein; in jeder Klasse schied er, mit Ausnahme der letzten, die Jüngeren von den Älteren, das heißt die zum Waffendienst Verpflichteten von den mit Rücksicht auf ihr Alter gesetzlich davon Entbundenen; eine Unterscheidung, die mehr als die des Vermögens eine öftere Wiederholung des Zensus oder der Volkszählung notwendig machte; endlich bestimmte er, daß die Versammlung auf dem Marsfelde stattfinden sollte, wo alle im dienstfähigen Alter Stehenden mit ihren Waffen zu erscheinen hatten.

Der Grund, weshalb man nicht auch in der letzten Klasse die Einteilung zwischen Jüngeren und Älteren vornahm, lag wohl darin, daß man dem Pöbel, aus dem sie bestand, nicht die Ehre zugestehen wollte, die Waffen für das Vaterland zu tragen; man mußte einen eigenen Herd besitzen, um das Recht zu seiner Verteidigung zu erlangen, und unter jenen unzähligen Lumpenkerlen, mit denen heutzutage die Heere der Könige prunken, ist vielleicht nicht ein einziger, der nicht zu jener Zeit, als die Soldaten noch Verteidiger der Freiheit waren, aus einer römischen Kohorte mit Verachtung gejagt worden wäre.

Gleichwohl unterschied man in der letzten Klasse noch die Proletarier von den sogenannten capite censi. Erstere, die doch nicht völlig besitzlos waren, brachten dem Staate wenigstens Bürger zu, im Falle dringender Not sogar bisweilen Soldaten. Letztere dagegen, die durchaus nichts besaßen und nur nach Köpfen gezählt werden konnten, wurden als gar nicht vorhanden betrachtet, und Marius war der erste, der sich herbeiließ, sie anzuwerben.

Ohne hier zu entscheiden, ob diese dritte Einteilung an sich selbst gut oder schlecht war, so glaube ich doch behaupten zu können, daß nur die einfachen Sitten der ältesten Römer, ihre Uneigennützigkeit, ihre Vorliebe für Ackerbau, ihr Widerwille gegen Handel und Gewinnsucht sie durchführbar machen konnten. Wo ist heutzutage ein Volk, bei dem die verzehrende Habgier, der unruhige Geist, das Gewebe von Listen, die unaufhörlichen Veränderungen, der beständige Wechsel des Vermögens einer solchen Verfassung auch nur eine zwanzigjährige Dauer gewähren könnten, ohne den ganzen Staat umzustürzen. Auch verdient bemerkt zu werden, daß in Rom die Sitten und die Zensur weit größeren Einfluß als diese Einrichtung hatten, um Mißstände in Rom zu bereinigen, und daß sich mancher Reiche in die Klasse der Armen verwiesen sah, weil er seinen Reichtum zu auffallend zur Schau gestellt hatte.

Aus diesem allem läßt sich leicht ersehen, weshalb fast immer nur fünf Klassen erwähnt werden, obgleich es wirklich sechs gab. Da die sechste weder Soldaten für das Heer noch Stimmberechtigte für das Marsfeld lieferte und in der Republik fast gar keine Verwendung fand, so kam sie selten für irgend etwas in Betracht.

Der Art waren die verschiedenen Einteilungen des römischen Volkes. Jetzt wollen wir sehen, welche Wirkung sie in den Versammlungen hervorbrachten. Diese gesetzlich berufenen Versammlungen hießen Comitien; gewöhnlich wurden sie auf dem Forum oder dem Marsfelde abgehalten und zerfielen nach den drei Einteilungsformen, nach denen sie berufen wurden, in Comitien nach Curien, nach Centurien und nach Tribus. Die comitia curiata waren von Romulus, die c. centuriata von Servius Tullius und die c. tributa von den Volkstribunen eingeführt worden. Nur in den Komitien erhielt ein Gesetz Bestätigung, konnte eine obrigkeitliche Person gewählt werden; und da es keinen Bürger gab, der nicht in eine Curie, eine Centurie oder eine Tribus eingeschrieben war, so folgt daraus, daß kein Bürger vom Stimmrechte ausgeschlossen und das römische Volk rechtlich und tatsächlich wirklich Staatsoberhaupt war.

Damit die Comitien auf gesetzlichem Wege versammelt würden und ihre Beschlüsse Gesetzeskraft erhielten, mußten drei Bedingungen erfüllt werden: erstens mußte die obrigkeitliche Behörde oder Person, die sie berief, die dazu nötige Vollmacht besitzen; zweitens mußte die Versammlung an einem gesetzlich erlaubten Tage stattfinden, und drittens mußten sich die Auguren günstig ausgesprochen haben.

Der Grund der ersten Vorschrift bedarf keiner weiteren Erläuterung; die zweite ist eine polizeiliche Bestimmung; so war es nicht gestattet, die Comitien an Feier- und Markttagen abzuhalten, an denen die Landleute Geschäfte halber nach Rom kamen und deshalb nicht Zeit hatten, den Tag auf dem Forum zuzubringen. Durch die dritte hielt der Senat ein stolzes und unruhiges Volk am Zügel und mäßigte zu rechter Zeit die Hitze der aufrührerischen Tribunen, wenn dieselben auch mehr als ein Mittel fanden, sich von diesem Zwange zu befreien.

Die Gesetze und die Wahl der Oberen waren nicht die einzigen Gegenstände, die von der Abstimmung der Comitien abhingen. Da das römische Volk die wichtigsten Regierungsgeschäfte an sich gerissen hatte, kann man behaupten, daß in diesen Versammlungen das Schicksal Europas entschieden wurde. Die Mannigfaltigkeit der Gegenstände, über die sich diese Versammlungen auszusprechen hatten, veranlaßte die verschiedenen Formen, die sie annahmen.

Um sich über diese verschiedenen Formen ein richtiges Urteil zu bilden, genügt es, sie zu vergleichen. Durch die Gründung der Curien beabsichtigte Romulus, den Senat durch das Volk und das Volk durch den Senat im Zaume zu halten, während er über alle gleichmäßig herrschte. Durch diese Form gewährte er dem Volke mithin die ganze Macht der Überzahl, um der des Einflusses und des Reichtums, die er den Patriziern ließ, das Gleichgewicht zu halten. Allein trotzdem war der Vorteil, den er den Patriziern ganz im Geiste der Monarchie durch den Einfluß ihrer Klienten auf die Mehrheit der Stimmen ließ, ungleich größer. Die bewundernswerte Einführung von Patronen und Klienten war ein Meisterwerk der Politik und Menschlichkeit, ohne die das dem Geiste der Republik so völlig widerstreitende Patriziat unmöglich hätte von Dauer sein können. Rom allein gebührt die Ehre, der Welt dieses schöne Beispiel gegeben zu haben, aus dem nie ein Mißbrauch entstand, und das dennoch nie befolgt wurde.

Da die Einteilung in Curien unter den Königen bis auf Servius Tullius bestanden hatte und die Regierung des letzten Tarquinius nicht als rechtmäßig betrachtet wurde, so bezeichnete man später die von den Königen erlassenen Gesetze unter dem Namen leges curiatae.

Da in der Republik die Curien auf die vier städtischen Tribus beschränkt waren und zu ihnen nur noch der städtische Pöbel gehörte, so konnten sie weder dem Senate, der an der Spitze der Patrizier stand, noch den Tribunen gefallen, die, wenn auch Plebejer, doch an der Spitze der wohlhabenden Bürger standen. Sie gerieten deshalb in Verruf; die Verachtung ging so weit, daß ihre dreißig Lictoren, sobald sie versammelt waren, alles entschieden, was den comitia curiata selbst zugestanden hätte.

Die Einteilung nach Centurien war für die Aristokratie so günstig, daß man im ersten Augenblicke nicht begreift, wie der Senat aus den diesen Namen führenden Comitien, in denen die Konsuln, die Zensoren und die übrigen curulischen Würdenträger gewählt wurden, nicht immer siegreich hervorging. Von den einhundertdreiundneunzig Centurien, die die sechs Klassen des ganzen römischen Volkes bildeten, umfaßte die erste in der Tat achtundzwanzig, und da die Stimmen nur centurienweise gezählt wurden, so überwog schon diese erste Klasse allein alle übrigen an Stimmenzahl. Stimmten ihre sämtlichen Centurien überein, so unterblieb deshalb jede weitere Einsammlung der Stimmen; was die kleinste Zahl festgesetzt hatte, galt für die Entscheidung der Menge, und man darf wohl behaupten, daß in den comitiis centuriatis die Entscheidung der Staatsangelegenheiten in weit höherem Grade von der Mehrheit der Taler als von der Mehrheit der Stimmen ausging.

Aber dieser übertriebene Einfluß wurde durch zwei Mittel abgeschwächt: erstens befanden sich gewöhnlich die Tribunen und stets viele Plebejer in der Klasse der Reichen und hielten dem Ansehen der Patrizier in dieser ersten Klasse die Waage.

Das zweite Mittel bestand darin, daß man die Centurien nicht der Reihenfolge nach abstimmen ließ, wobei man den Anfang immer mit der ersten hätte machen müssen, sondern eine durch das Los bestimmte, und diese schritt dann allein zur Wahl, worauf dann alle übrigen Centurien auf einen andern Tag der Reihe nach zusammenberufen wurden, die Wahl wiederholten und gewöhnlich bestätigten. So entzog man den Einfluß des Beispiels der Rangordnung, um es nach dem Grundsatz der Demokratie dem Zufall zu überlassen.

Diese Sitte hatte noch einen anderen Vorteil zur Folge, und zwar den Vorteil, daß die auf dem Lande wohnenden Bürger zwischen den beiden Wahlen Zeit gewannen, sich nach dem Verdienste des vorläufig ernannten Kandidaten zu erkundigen, damit sie ihre Stimme mit voller Sachkenntnis abgeben konnten. Allein unter dem Vorwande, eine Beschleunigung der Wahlen herbeizuführen, wurde die Aufhebung dieser Sitte durchgesetzt, und beide Wahlen fanden an einem und demselben Tage statt.

Die tribusweise abgehaltenen Comitien waren im recht eigentlichen Sinne die Ratsversammlung des römischen Volkes. Nur von den Tribunen durften sie berufen werden; die Tribunen selbst wurden von ihnen erwählt und ließen über die Volksanträge abstimmen. Der Senat durfte ihnen weder beiwohnen, geschweige denn in ihnen abstimmen. Gezwungen, sich Gesetzen zu fügen, über die sie nicht hatten mit abstimmen dürfen, waren die Senatoren in dieser Hinsicht weniger frei als die geringsten Bürger. Diese Ungerechtigkeit ging aus einem höchst bedenklichen Mißverständnisse hervor und wäre schon allein hinreichend gewesen, die Beschlüsse eines Körpers, an dem nicht alle seine Glieder beteiligt waren, ungültig zu machen. Hätten alle Patrizier nach dem Rechte, das sie als Staatsbürger besaßen, diesen Comitien beigewohnt, so würden sie, da sie dadurch einfache Privatleute geworden wären, keinen wesentlichen Einfluß auf die nach Köpfen stattfindende Abstimmung ausgeübt haben, da ja der geringste Proletarier eine ebenso große Macht wie der Vorsitzende des Senates hatte.

Man sieht also ein, daß außer der Ordnung, die aus diesen verschiedenen Einteilungen für die Feststellung des Abstimmungsergebnisses unter einem so großen Volke hervorging, diese selbst keineswegs zu gleichgültigen Förmlichkeiten herabsanken, sondern daß jede besondere Wirkungen je nach der Absicht hatte, um derentwillen man ihr den Vorzug gab.

Ohne mich noch ausführlicher darüber zu äußern, ist doch aus den vorhergehenden Erörterungen so viel ersichtlich, daß die Comitien nach Tribus der Volksregierung und die nach Centurien der Aristokratie günstiger waren. Was nun die Comitien nach Curien anlangt, in denen ausschließlich der Pöbel Roms die Mehrheit bildete, so mußten sie, weil sie nur zur Begünstigung der Tyrannei und allerlei böser Anschläge dienten, um so mehr in Verruf kommen, als die Aufrührer selbst ein Mittel verschmähten, das ihre Absichten allzu deutlich verriet. So viel steht fest, daß die volle Majestät des römischen Volkes nur in den Comitien nach Centurien als den allein vollzähligen vorhanden war, da in den Comitien nach Curien die ländlichen Tribus, und in den Comitien nach Tribus der Senat und die Patrizier fehlten.

Die Stimmeneinsammlung war bei den Römern in der ersten Zeit ebenso einfach wie ihre Sitten, wenn auch nicht ganz so einfach wie in Sparta. Jeder gab seine Stimme laut ab, während ein Schreiber sie der Reihe nach aufschrieb. In jeder Tribus galt die Stimmenmehrheit für das Votum der Tribus, die Stimmenmehrheit innerhalb einzelner Tribus für das Votum des Volkes, und in gleicher Weise wurde bei den Curien und den Centurien verfahren. Diese Sitte war gut, solange noch Redlichkeit unter den Staatsbürgern herrschte und jeder sich schämte, öffentlich für eine ungerechte Sache oder einen ungerechten Menschen zu stimmen; als das Volk jedoch verdorben war und man die Stimmen kaufte, zog man geheime Abstimmungen vor, um die Käufer in Mißtrauen zu halten und den Betrügern zu ermöglichen, nicht als Verräter zu erscheinen.

Ich weiß, daß Cicero diese Änderung tadelt und ihr zum Teil den Untergang der Republik zuschreibt. Allein obgleich ich fühle, ein wie großes Gewicht hier der Ausspruch eines Mannes wie Cicero haben muß, so vermag ich seine Ansicht doch nicht zu teilen; ich bin vielmehr überzeugt, daß man das Verderben des Staates gerade dadurch beschleunigte, daß man nicht genug ähnliche Veränderungen vornahm. Wie sich die Lebensordnung gesunder Leute nicht für kranke eignet, so darf man auch ein verdorbenes Volk nicht nach denselben Gesetzen regieren wollen, die für ein noch gesundes Volk angemessen sind. Die Richtigkeit dieses Satzes beweist nichts besser als die Dauer der Republik Venedig, deren Schattenbild noch besteht, und zwar einzig und allein deshalb, weil ihre Gesetze nur für schlechte Menschen passen.

Man verteilte also unter die Bürger Täfelchen, auf die jeder sein Votum schreiben konnte, ohne daß ein anderer erfuhr, wie er stimmte; ferner führte man für das Einsammeln der Täfelchen, das Auszählen der Stimmen, das Vergleichen der Wahlresultate usw. neue gesetzliche Formen ein, was freilich nicht hinderte, daß die Treue der mit diesen Geschäften betrauten Beamten oft verdächtigt wurde. Um dem Parteihader und dem Stimmenhandel ein Ende zu machen, erließ man endlich Verordnungen, deren große Zahl ihre Fruchtlosigkeit beweist.

In den letzten Zeiten der Republik sah man sich oft genötigt, zu außerordentlichen Maßregeln seine Zuflucht zu nehmen, um der Unzulänglichkeit der Gesetze abzuhelfen; bald ersann man Wunder, ein Mittel, das wohl auf das Volk Eindruck machen konnte, aber nicht auf die, die es regierten; bald berief man auf der Stelle eine Versammlung zusammen, ehe noch die Bewerber Zeit zu Umtrieben hatten; bald verbrachte man eine ganze Sitzung mit lauter Reden, sowie man gewahrte, daß das bereits gewonnene Volk im Begriff stand, einen unheilvollen Beschluß zu fassen. Aber die Ehrsucht machte schließlich doch alle diese Maßregeln vergeblich; dabei ist es fast unglaublich, daß dieses riesige Volk unter so vielen Mißbräuchen fortfahren konnte, Obrigkeiten zu wählen, Gesetze zu erlassen, Prozesse zu entscheiden, Privat-

und Staatsangelegenheiten zu ordnen, und zwar mit beinahe ebenso großer Leichtigkeit, wie es der Senat selbst nur hätte tun können.

5. Kapitel

Vom Tribunat

Sobald zwischen den verfassungsmäßig geregelten Teilen eines Staates kein genaues Gleichmaß hergestellt werden kann, oder sobald nicht zu beseitigende Ursachen die gegenseitigen Beziehungen derselben unaufhörlich stören, dann setzt man eine besondere Obrigkeit ein, die von den übrigen unabhängig ist, die jedes Glied wieder in sein richtiges Verhältnis stellt und ein Band oder Mittelglied zwischen dem Fürsten und dem Volke oder zwischen dem Fürsten und dem Staatsoberhaupt oder, wenn es nötig ist, nach beiden Seiten herstellt.

Diese Körperschaft, die ich Tribunat nennen will, ist die Hüterin der Gesetze und der gesetzgebenden Gewalt. Mitunter dient sie zum Schutze des Staatsoberhauptes gegen die Regierung, wie zu Rom die Volkstribunen; bisweilen zur Stütze der Regierung gegen das Volk, wie zu Venedig der Rat der Zehn, und in einzelnen Fällen auch zur Aufrechterhaltung des Gleichgewichtes auf beiden Seiten, wie die Ephoren in Sparta.

Das Tribunat ist kein wesentlicher Bestandteil des Gemeinwesens und darf deshalb auch weder an der gesetzgebenden noch an der vollziehenden Gewalt Anteil haben; allein gerade dadurch ist die seinige um so größer, denn obgleich es nichts tun kann, vermag es alles zu hindern. Als Verteidiger der Gesetze ist es heiliger und wird mehr in Ehren gehalten als der Fürst, der sie vollzieht, und als das Staatsoberhaupt, das sie gibt. Dies machte sich am deutlichsten in Rom bemerkbar, wenn diese stolzen Patrizier, die zu jeder Zeit das ganze Volk verachteten, gezwungen waren, sich vor einem einfachen Beauftragten des Volkes zu beugen, der weder religiöse Weihe noch richterliche Gewalt besaß.

Sobald das Tribunat weise beschränkt ist, bildet es die festeste Stütze einer guten Verfassung; verfügt es jedoch nur über etwas Gewalt zuviel, so wirft es alles über den Haufen. Schwäche liegt durchaus nicht in seiner Natur, und ist es nur erst da, so ist es nie weniger, als es sein soll.

Es artet in Tyrannei aus, sobald es sich die vollziehende Gewalt anmaßt, die es nur zu mäßigen hat, und wenn es Gesetze außer Kraft setzen will, die es nur schützen soll. Die übertriebene Macht der Ephoren, die ungefährlich war, solange Sparta seine Sittenreinheit bewahrte, beschleunigte das Umsichgreifen der Verderbtheit, nachdem sie einmal begonnen hatte. Das Blut des von diesen Tyrannen gemordeten Agis wurde von seinem Nachfolger gerächt, aber das Verbrechen wie die Bestrafung der Ephoren förderten in gleicher Weise den Untergang der Republik, und nach Kleomenes war Sparta nichts mehr. Auf gleichem Wege ging Rom seinem Untergange entgegen; die alles Maß übersteigende Gewalt der Tribunen, die sie aus eigener Machtvollkommenheit an sich gerissen hatten, diente schließlich mit Hilfe der für die Freiheit erlassenen Gesetze den Kaisern, die die Freiheit vernichteten, zur Schutzwehr. Was den Rat der Zehn in Venedig anlangt, so ist er ein Blutgericht, den Patriziern ebenso schrecklich wie dem Volke, ein Blutgericht, das nicht etwa die Gesetze kräftig schützt, sondern eher dazu dient, sie herabzuwürdigen und im Dunkeln Streiche zu vollführen, die man sich gar nicht zu bemerken getraut.

Wie die Regierung wird auch das Tribunat durch die Vermehrung seiner Glieder geschwächt. Als die römischen Volkstribunen, deren Zahl sich anfangs nur auf zwei, später auf fünf belief, diese Zahl verdoppeln wollten, ließ der Senat es geschehen, da er überzeugt war, die einen durch die anderen in Schranken halten zu können, was auch nicht ausblieb.

Das beste Mittel, die Anmaßungen einer so furchtbaren Einrichtung zu verhüten, auf das bis jetzt jedoch noch keine Regierung verfallen ist, wäre, sie nicht in steter Tätigkeit zu lassen, sondern Zwischenzeiten festzusetzen, in denen ihre Tätigkeit unterbrochen wäre. Diese Zwischenzeiten, die nicht so lange währen dürften, daß sich wieder Mißbräuche einschleichen könnten, müßten gesetzlich in der Weise bestimmt werden, daß es leicht wäre, sie im Notfalle durch außerordentliche Ermächtigungen abzukürzen.

Dieses Mittel scheint mir ohne Nachteil, weil, wie gesagt, das Tribunat keinen Teil der Verfassung bildet und deshalb, ohne sie zu gefährden, aufgehoben werden kann; und ich halte es für wirksam, weil eine erst vor kurzem wieder eingesetzte Obrigkeit nicht von dem Punkte der Gewalt ausgeht, auf dem sich ihre Vorgängerin befand, sondern von dem, auf den das Gesetz sie stellt.

6. Kapitel

Von der Diktatur

Die Unbeugsamkeit der Gesetze, die es ihnen unmöglich macht, sich den Ereignissen anzubequemen, kann sie in gewissen Fällen verderblich machen und dadurch bei einer Krise den Untergang des Staates verursachen. Die Ordnung und Schwerfälligkeit der Formen verlangen einen Zeitraum, den die Umstände bisweilen verweigern. Es können sich tausenderlei Fälle darbieten, für die der Gesetzgeber nicht Fürsorge getroffen hat, und gerade das Bewußtsein, daß man nicht alles vorhersehen kann, ist die allernötigste Voraussicht.

Man darf deshalb nicht die Absicht hegen, die Staatseinrichtungen derart zu befestigen, daß man sich die Macht raubt, ihre Wirkung aufzuheben. Selbst Sparta setzte seine Gesetze zeitweise außer Kraft.

Aber nur die größten Gefahren können die einer Änderung der Staatsordnung aufwiegen, und man darf deshalb die geheiligte Macht der Gesetze nur anhalten, wenn das Wohl des Vaterlandes es erfordert. In solchen seltenen und handgreiflichen Fällen sorgt man für die öffentliche Sicherheit durch einen besonderen Beschluß, der ihre Erhaltung dem Würdigsten überträgt. Dieser Auftrag kann je nach der Art der Gefahr auf zweierlei Weise erteilt werden.

Genügt zur Abhilfe eine Vermehrung der Regierungstätigkeit, so vereint man sie in einem oder zwei Gliedern; auf diese Weise schädigt man nicht das Ansehen der Gesetze, sondern ändert nur die Form ihrer Verwaltung. Ist dagegen die Gefahr derart, daß der Gesetzesapparat seiner eigenen Sicherung im Wege stünde, dann ernennt man ein höchstes Oberhaupt, das alle Gesetze zum Schweigen bringt und für einen Augenblick die oberherrliche Gewalt aufhebt. In solchem Falle ist der allgemeine Wille nicht zweifelhaft, und die Hauptabsicht des Volkes geht offenbar darauf aus, daß der Staat nicht zugrunde geht. Die vorübergehende Aufhebung der gesetzgebenden Gewalt ist also keineswegs mit ihrer Abschaffung gleichbedeutend; die Obrigkeit, die sie zum Schweigen bringt, kann sie aber nicht zum Sprechen bringen; sie beherrscht sie, ohne sie vertreten zu können; sie vermag alles, nur keine Gesetze zu geben.

Das erste Verfahren wandte der römische Senat an, wenn er den Konsuln unter einer feierlichen Formel den Auftrag gab, für das Heil der Republik zu sorgen. Das zweite fand statt, wenn einer der beiden Konsuln einen Diktator ernannte, ein Gebrauch, zu dem Alba den Römern das Beispiel gegeben hatte.

Im Anfang der Republik nahm man sehr häufig zur Diktatur seine Zuflucht, weil der Staat noch nicht eine so feste Grundlage besaß, daß er sich durch die bloße Kraft seiner Verfassung hätte erhalten können.

Da die Sitten zu damaliger Zeit viele Vorsichtsmaßregeln, die zu einer anderen sehr notwendig gewesen wären, überflüssig machten, so fürchtete man weder, daß ein Diktator seine Gewalt nicht brauchen würde, noch daß er sich versucht fühlen könnte, sie über die Zeit hinaus zu behalten. Im Gegenteil schien eine so große Macht dem damit Bekleideten zur Last zu fallen, so schnell suchte er sich ihrer wieder zu entledigen; es hatte den Anschein, als wäre es für ihn ein zu mühseliges und gefährliches Amt gewesen, die Stelle der Gesetze einzunehmen.

Auch tadle ich den allzu häufigen Gebrauch dieser höchsten obrigkeitlichen Würde in den ersten Zeiten nicht sowohl wegen der Gefahr ihres Mißbrauches, als wegen der Gefahr ihrer dadurch hervorgerufenen Herabwürdigung. Denn wenn man sie zur Abhaltung von Wahlen, Einweihungen und zu allerlei bloßen Förmlichkeiten fortwährend verschwendete, so war zu befürchten, daß sie im Falle wirklicher Not weniger Scheu erwecken würde und man sich daran gewöhnen möchte, ein Amt, das man nur zu leeren Feierlichkeiten verwandte, auch nur als einen leeren Titel zu betrachten.

Gegen das Ende der Republik gingen die jetzt vorsichtiger gewordenen Römer mit der Diktatur ebenso sparsam um wie vorher verschwenderisch. Es ließ sich leicht einsehen, daß ihre Befürchtung unbegründet war, daß gerade die Schwäche der Hauptstadt ihre Sicherheit gegen die in ihr weilenden Obrigkeiten ausmachte, daß ein Diktator in gewissen Fällen die öffentliche Freiheit verteidigen, aber nie antasten konnte, und daß die Ketten Roms nicht in Rom selbst, sondern in seinen Heeren geschmiedet wurden. Der geringe Widerstand, den Marius dem Sulla und Pompejus dem Cäsar leistete, bewies klar, was man von der rechtmäßigen Macht im Innern gegen Gewalt von außen erwarten konnte.

Dieser Irrtum war die Quelle großer Fehler. So war es zum Beispiel ein Mißgriff, daß bei der catilinarischen Verschwörung kein Diktator ernannt wurde; denn da nur das Innere der Stadt und höchstens eine oder die andere Provinz dabei im Spiele war, so hätte ein Diktator durch die schrankenlose Gewalt, die die Gesetze ihm einräumten, die Verschwörung leicht beseitigt, während sie ohne die Ernennung eines solchen nur durch ein Zusammentreffen glücklicher Zufälle, auf die menschliche Klugheit nie hätte rechnen können, erstickt wurde.

Statt dessen begnügte sich der Senat, den Konsuln seine ganze Gewalt zu übertragen, woher es kam, daß Cicero, um mit Erfolg zu handeln, gezwungen war, diese Gewalt in einem Hauptpunkte zu überschreiten, und daß man ihn, wenn man seine Handlungsweise auch unter den ersten Aufwallungen der

Freude billigte, in der Folge wegen des gegen die Gesetze vergossenen Bürgerblutes mit Recht zur Rechenschaft zog, ein Vorwurf, den man gegen einen Diktator nicht hätte erheben können. Aber die Beredsamkeit des Konsuls riß alles mit fort, und da er selbst, obgleich ein Römer, seinen eigenen Ruhm mehr liebte als sein Vaterland, so suchte er zur Rettung des Staates nicht sowohl das gerechteste und sicherste Mittel, als vielmehr ein solches, das ihm die meiste Aussicht zu gewähren schien, allen Ruhm in dieser Sache allein davonzutragen. Auch wurde er mit gutem Grunde als Befreier Roms geehrt und mit ebenso gutem Grunde als Übertreter der Gesetze bestraft. So glänzend seine Zurückberufung auch war, so kann sie eigentlich doch nur als eine Begnadigung betrachtet werden.

Auf welche Weise dieser wichtige Auftrag auch erteilt werden möge, stets kommt es darauf an, seine Dauer auf einen sehr kurzen Zeitraum zu beschränken, der nie verlängert werden darf. Die entscheidenden Krisen, die seine Einführung erforderlich machen, enden binnen kurzem mit dem Untergange oder der Rettung des Staates, und über das dringende Bedürfnis hinaus wird die Diktatur tyrannisch oder unnütz. Obgleich die Diktatoren in Rom nur auf sechs Monate ernannt wurden, legten die meisten ihr Amt schon vorher nieder. Wäre der Zeitraum länger gewesen, so wären sie vielleicht in Versuchung geraten, ihn noch weiter auszudehnen, wie es die Dezemvirn mit ihrer einjährigen Amtsdauer machten. Der Diktator hatte nur Zeit, die ihm gestellte Aufgabe zu erfüllen; es fehlte ihm aber die Zeit, an andere Pläne zu denken.

7. Kapitel

Von der Zensur

Wie die Darlegung des allgemeinen Willens durch das Gesetz geschieht, so geschieht die Kundgabe der öffentlichen Meinung durch das Zensoramt. Die öffentliche Meinung ist eine Art Gesetz, für die der Zensor das Werkzeug ist, und das er nach dem Beispiel des Fürsten nur auf besondere Fälle anwenden darf.

Das Zensoramt ist also nicht der Herr der Volksmeinung, sondern ihr Dolmetscher, und sobald es sich von ihr entfernt, sind seine Entscheidungen nichtig und wirkungslos.

Es ist fruchtlos, die Sitten eines Volkes von den Gegenständen seiner Verehrung zu unterscheiden, denn sie beruhen auf demselben Grundsatz und gehen notwendigerweise ineinander über. Bei allen Völkern der Erde ist es nicht die Natur, sondern die Meinung, die über die Wahl ihrer Vergnügungen entscheidet. Man bringe den Menschen nur richtigere Meinungen bei, so werden sich ihre Sitten von selber veredeln. Man liebt stets das Schöne oder was man dafür hält, allein in dieser Beurteilung täuscht man sich gerade; sie muß folglich berichtigt werden. Wer über die Sitten urteilt, urteilt über die Ehre, und wer über die Ehre urteilt, läßt sich durch die Meinung bestimmen.

Die Meinungen eines Volkes bilden sich aus seiner Verfassung heraus. Obgleich das Gesetz die Sitten nicht beeinflußt, entstehen sie gleichwohl aus der Gesetzgebung. Nimmt die Gesetzgebung an Kraft ab, so arten die Sitten aus. Alsdann wird jedoch das Urteil der Zensoren nicht durchzusetzen vermögen, was die Kraft der Gesetze nicht erzielt hat.

Hieraus folgt, daß das Zensoramt wohl zur Erhaltung, nie aber zur Wiederherstellung der Sitten nützlich sein kann. Man setze Zensoren ein, solange die Gesetze noch in voller Kraft stehen; sobald sie diese verloren haben, ist alles hoffnungslos; nichts Gesetzmäßiges hat mehr Gewalt, wenn die Gesetze sie nicht mehr haben.

Die Zensur erhält die Sittlichkeit, indem sie die Meinungen vor Verschlechterung bewahrt, ihre Lauterkeit durch weise Anwendung der Gesetze erhält, ja ihnen bisweilen sogar, wenn sie noch schwankend sind, eine bestimmte Richtung gibt. Die in Frankreich bei Zweikämpfen wahrhaft leidenschaftlich beobachtete Sitte der Hinzuziehung von Sekundanten wurde lediglich durch folgende Worte eines königlichen Erlasses abgeschafft: „Was diejenigen anlangt, die die Feigheit besitzen, Sekundanten herbeizurufen ..." Da dieses Urteil der allgemeinen Ansicht entgegenkam, bestimmte es sie mit einem Schlage. Als jedoch die gleichen Erlasse jeden Zweikampf schon an sich als eine Feigheit hinstellen wollten, was vollkommen wahr ist, aber der allgemeinen Ansicht zuwiderläuft, machte sich die Öffentlichkeit, die sich ihr Urteil bereits gebildet hatte, über diese Entscheidung lustig.

An einer anderen StelleIch gebe hier nur kurz an, was ich in dem Briefe an d'Alembert ausführlich behandelt habe.habe ich behauptet, daß die öffentliche Meinung keinem Zwange unterworfen sei und sich aus diesem Grunde auch in dem zu ihrer Vertretung bestimmten Gerichtshofe keine Spur von Zwang finden dürfe. Man kann nicht genug bewundern, mit welcher Kunst dieser bei den modernen Völkern ganz verschwundene Einfluß bei den Römern und noch mehr bei den Lazedämoniern ausgeübt wurde.

Wenn ein Mensch von schlechten Sitten zu Sparta eine gute Ansicht im Rate ausgesprochen hatte, so ließen die Ephoren, ohne sie zu beachten, die gleiche Ansicht von einem tugendhaften Manne noch einmal vortragen. Welche Ehre für den einen, welcher Schimpf für den andern, ohne daß doch gegen einen von beiden ein Wort des Lobes oder des Tadels gesagt worden wäre! Einige Trunkenbolde zu Samos verunreinigten den Gerichtshof der Ephoren; schon am folgenden Tage wurde den Samiern durch einen öffentlichen Erlaß gestattet, sich schmutzig zu betragen. Eine wirkliche Züchtigung wäre nicht so streng gewesen wie eine derartige Straflosigkeit. Wenn Sparta erklärt hat, was anständig oder unanständig ist, verzichtet Griechenland auf sein eigenes Urteil.

8. Kapitel

Von der bürgerlichen Religion

Im Anfange hatten die Menschen keine anderen Könige als die Götter und keine andere Regierung als die theokratische. Noch Caligula vertrat diese Ansicht, und sie war richtig. Es bedarf einer langwierigen Umwandlung der Gefühle und Begriffe, ehe man sich entschließen kann, seinesgleichen als Herrn anzunehmen und sich einzureden, daß man sich dabei Wohlbefinden werde.

Schon daraus allein, daß man Gott an die Spitze jeder politischen Gesellschaft stellte, folgte, daß es ebenso viele Götter wie Völker gab. Zwei einander fremde und fast immer feindselig gesinnte Völker konnten nicht auf die Dauer einen und denselben Herrn anerkennen; zwei Heere, die sich eine Schlacht liefern, sind außerstande, demselben Feldherrn zu gehorchen. So ging aus der Scheidung der Völker die Vielgötterei hervor und aus dieser wieder die religiöse und bürgerliche Unduldsamkeit, die, wie ich später nachweisen werde, ihrem Wesen nach identisch sind.

Der Wahn der Griechen, bei den barbarischen Völkern ihre eigenen Götter wiederzufinden, war die Folge jenes anderen Wahnes, den sie hegten, daß sie sich als die natürlichen Oberherren dieser Völker betrachteten. Eine höchst lächerliche Lehre ist es aber, wenn man in unseren Tagen die Identität der Götter bei den verschiedenen Nationen behaupten will; als ob Moloch, Saturn und Kronos der gleiche Gott sein könnten! als ob der Baal der Phönizier, der Zeus der Griechen und der Jupiter der Lateiner dasselbe Wesen wären! als ob eingebildete

Wesen, die verschiedene Namen führen, irgend etwas unter sich gemeinsam haben könnten!

Wenn man fragt, weshalb im Heidentume, wo jeder Staat seinen eigenen Kultus und seine eigenen Götter hatte, doch keine Religionskriege vorkamen, so erwidere ich, daß dies gerade daher kam, weil jeder Staat ebensogut seinen eigenen Kultus wie seine eigene Regierungsform hatte und folglich zwischen seinen Göttern und seinen Gesetzen keinen Unterschied machte. Der politische Krieg wurde auch auf dem religiösen Gebiete ausgefochten und den Göttern ihre Machtsphäre gleichsam nach den Grenzen der Völker bestimmt. Der Gott des einen Volkes hatte kein Recht über die anderen Völker. Die Götter der Heiden waren keine eifrigen Götter; sie teilten die Herrschaft der Welt unter sich; selbst Moses und das hebräische Volk gaben sich bisweilen dieser Vorstellung hin, indem sie vom Gotte Israels sprachen. Sie betrachteten die Götter der Kanaaniter allerdings als nichtig, denn ihnen galten diese Völker für geächtet, dem Untergange geweiht und dazu bestimmt, von ihnen verdrängt zu werden; aber man sehe, wie sie von den Gottheiten der Nachbarvölker sprechen, die anzugreifen ihnen verboten war. „Du sollst die einnehmen", sagte Jephta zu den Ammonitern, „die kein Gott Chamos vertriebe, und uns lassen einnehmen alle, die der Herr, unser Gott, vor uns vertrieben hat." Darin lag meines Erachtens eine völlig anerkannte Gleichheit zwischen den Rechten des Chamos und denen des Gottes Israels.

Als jedoch die Juden, nachdem sie von den babylonischen und später von den syrischen Königen unterworfen worden waren, mit größter Hartnäckigkeit keinen anderen Gott als den ihrigen anerkennen wollten, wurde diese Weigerung für eine Empörung gegen den Sieger angesehen und zog ihnen die in ihrer Geschichte aufbewahrten Verfolgungen zu, von denen sich vor dem Christentum kein zweites Beispiel findet.

Da also jede Religion einzig und allein an die Gesetze des Staates, der sie vorschrieb, gebunden war, so gab es keinen andern Weg zur Bekehrung eines Volkes als seine Unterwerfung und keine anderen Glaubensboten als die Eroberer. Da die Verpflichtung zur Glaubensänderung ein Gebot für die Besiegten war, so mußte man also erst den Sieg davongetragen haben, ehe davon die Rede sein konnte. Nicht die Menschen kämpften für die Götter, sondern die Götter stritten wie im Homer für die Menschen; jeder betete zu dem seinigen um den Sieg und bezahlte denselben durch neue Altäre. Ehe die Römer einen Ort einnahmen, forderten sie dessen Götter auf, ihn zu verlassen; und als sie den

Tarentinern ihre erzürnten Götter ließen, so geschah es, weil sie diese Götter für den ihrigen unterworfen und ihnen zu huldigen gezwungen hielten. Sie ließen den Besiegten ihre Götter, wie sie ihnen ihre Gesetze ließen. Eine Krone für den Jupiter Capitolinus war oft der einzige Tribut, den sie ihnen auflegten.

Da die Römer schließlich außer ihrer Herrschaft auch noch ihren Kultus und ihre Götter weithin verbreitet und oft selbst die Götter der Besiegten angenommen hatten, indem sie den einen wie den anderen das Bürgerrecht bewilligten, so befanden sich die Völker dieses unermeßlichen Reiches unmerklich im Besitze einer Unzahl von Göttern und Kulten, die fast überall einander gleich waren. Auf diese Weise wurde endlich das Heidentum auf der ganzen bekannten Erde eine einheitliche Religion.

Unter solchen Umständen gründete Jesus ein geistiges Reich auf Erden, das durch die Trennung des theologischen Systems vom politischen die Einheit des Staates aufhob und jene inneren Spaltungen hervorrief, die nie aufgehört haben, die christlichen Völker zu beunruhigen. Da der neue Gedanke von einem überirdischen Reich niemals in die Köpfe von Heiden eingehen konnte, so sahen sie die Christen immer als echte Empörer an, die unter einer erheuchelten Unterwürfigkeit nur auf den Augenblick warteten, sich unabhängig und zu Gebietern zu machen und die Gewalt, die sie in ihrer Schwäche scheinbar achteten, auf geschickte Weise an sich zu reißen. Dies war die Ursache der Christenverfolgungen.

Was die Heiden befürchtet hatten, geschah. Alles bekam damals ein anderes Gesicht; die demütigen Christen führten plötzlich eine andere Sprache, und das vorgeblich überirdische Reich sah man sich in kurzer Zeit unter einem sichtbaren Oberhaupte in das despotischste Reich dieser Welt verwandeln.

Da es jedoch noch immer ein Staatsoberhaupt und bürgerliche Gesetze gab, so ging aus dieser zwiefachen Gewalt ein unaufhörlicher Konflikt hervor, der in den christlichen Staaten jede gesunde Staatsverfassung unmöglich machte; und nie hat man letzten Endes darüber klar werden können, ob man dem Herrn oder dem Priester zu gehorchen verpflichtet war.

Mehrere Völker sowohl in Europa wie in den angrenzenden Ländern bemühten sich allerdings, das alte System aufrechtzuerhalten oder wieder einzuführen, allein ohne Erfolg; der Geist des Christentums trug überall den Sieg davon. Der geheiligte Kultus bewahrte oder gewann doch wenigstens seine Unabhängigkeit vom Staatsoberhaupte immer bald wieder und stand nie in der so notwendigen Verbindung mit dem Staatskörper. Mohammed hatte hierin einen sehr scharfen Blick, er gab seinem politischen System einen festen Zusammenhang, und solange sich die Form seiner Regierung unter seinen Nachfolgern, den Kalifen, erhielt, war diese Regierung eine einheitliche und in dieser Beziehung gute. Nachdem aber die Araber üppig, gelehrt, gebildet, weichlich und feige geworden waren, wurden sie von Barbaren unterjocht, und nun ging die Trennung der beiden Gewalten von neuem vor sich. Obgleich sie bei den Mohammedanern weniger zutage tritt als bei den Christen, so ist sie trotzdem auch bei ihnen vorhanden, namentlich in der Sekte des Ali; es gibt Staaten, wie Persien, wo sie sich unaufhörlich fühlbar macht.

In Europa machten sich die Könige von England zu Oberhäuptern der Kirche, und die Zaren folgten ihrem Beispiel; aber durch Annahme dieses Titels traten sie keineswegs als Herren, sondern eher als Diener der Kirche auf; sie erlangten nicht das Recht, Änderungen in ihr vorzunehmen, sondern nur die Gewalt, sie zu schützen; in kirchlichen Angelegenheiten sind sie nicht die Gesetzgeber, sondern nur Fürsten. Überall, wo die Geistlichkeit einen festen Körper bildet, ist sie Herrin und Gesetzgeberin auf ihrem Gebiete. Es gibt folglich in England und Rußland wie sonst überall zwei Gewalten und zwei Staatsoberhäupter.

Unter allen christlichen Schriftstellern ist der Philosoph Hobbes der einzige, der sowohl das Übel wie das Heilmittel richtig erkannte und sich den Vorschlag zu machen getraute, die beiden Köpfe des Adlers wieder zu vereinigen und alles zur politischen Einheit zurückzuführen, ohne die es dem Staate wie der Regierung immer an einer guten Verfassung fehlen wird. Er hat aber einsehen müssen, daß sich der herrschsüchtige Geist des Christentums mit seinem Systeme nicht in Einklang bringen ließ und der Vorteil des Priesters stets den des Staates überwiegen würde. Nicht sowohl das Abscheuliche und Verkehrte in Hobbes' Politik, sondern das Gute und Wahre in ihr hat sie verhaßt gemacht.

Ich glaube, daß man bei einer Entwicklung der geschichtlichen Tatsachen von diesem Gesichtspunkte aus die entgegengesetzten Ansichten Bayles und Warburtons leicht zu widerlegen imstande wäre. Jener behauptet, daß dem Staatskörper keine Religion vorteilhaft sei, während dieser in dem Christentume die festeste Stütze desselben erblickt. Gegen Bayle könnte man den Beweis führen, daß noch nie ein Staat gegründet wurde, dem die Religion nicht als Grundlage diente, und gegen Warburton, daß die christliche Sittenlehre einer kräftigen Staatsverfassung im Grunde genommen mehr nachteilig als nützlich ist. Um mich vollends verständlich zu machen, ist es nötig, daß ich die allzu unbestimmten Begriffe von Religion, soweit sie meinen Gegenstand berühren, etwas genauer definiere.

In ihrer Beziehung zur Gesellschaft betrachtet, die entweder eine allgemeine oder eine private ist, läßt sich auch die Religion in zwei Gattungen teilen, und zwar in die Religion des Menschen und in die des Staatsbürgers. Die erste, die sich von Tempeln, Altären und kirchlichen Gebräuchen frei erhält und sich einzig und allein auf die innere Verehrung des höchsten Gottes und die ewigen Pflichten der Moral beschränkt, ist die reine, einfache Religion des Evangeliums, der wahre Gottesglaube, und könnte das göttliche Naturrecht genannt werden. Die andere, die auf ein einziges Land beschränkt ist, gibt diesem seine besonderen Götter und Schutzpatrone. Sie hat ihre Glaubenssätze, ihre Gebräuche und ihren gesetzlich vorgeschriebenen äußeren Gottesdienst. Mit Ausnahme des Volkes allein, das sich zu ihr bekennt, gilt ihr jedes andere für ungläubig, fremd und barbarisch; sie dehnt die Pflichten und Rechte des Menschen nur so weit aus, wie ihre Altäre reichen. So waren sämtliche Religionen der ältesten Völker, die man auch das staatsbürgerliche oder das positive göttliche Recht nennen kann.

Dazu tritt eine dritte, noch seltsamere Religionsweise, die dadurch, daß sie den Menschen zwei Gesetzgebungen, zwei Oberhäupter und zwei Vaterländer gibt, sie widersprechenden Gesetzen unterwirft und es ihnen unmöglich macht, gleichzeitig fromme und gute Staatsbürger zu sein. Zu dieser Klasse gehört die Religion der Lamas und der Japanesen sowie der Katholizismus. Man kann letzteren Priesterreligion nennen. Aus ihm geht ein gemischtes, jeder Gesellschaft widerstreitendes Recht hervor, das sich mit keinem bestimmten Namen bezeichnen läßt.

Vom politischen Standpunkt aus betrachtet haben alle diese drei Religionsarten ihre Fehler. Die dritte ist so offenbar schlecht, daß ein besonderer Beweis davon reine Zeitverschwendung wäre. Alles, was die gesellschaftliche Einheit zerreißt, ist wertlos; alle Einrichtungen, die den Menschen mit sich selbst in Widerspruch setzen, taugen nichts.

Die zweite hat das Gute, daß sie neben der Gottesverehrung die Liebe zu den Gesetzen pflegt; indem sie das Vaterland zum Gegenstande der Verehrung macht, gibt sie den Bürgern die Lehre, daß jeder dem Vaterlande geleistete Dienst zugleich ein dem Schutzgotte dargebrachter ist. Es ist eine Art Theokratie, in der man keinen andern Hohenpriester als den Fürsten und keine anderen Priester als die Obrigkeiten haben darf. Der Tod für das Vaterland ist nun ein Märtyrertod, die Gesetzesübertretung eine Entheiligung, und die öffentliche Verwünschung eines Schuldigen die Herabrufung des Ingrimmes der Götter auf sein Haupt: sacer esto! (Er sei verflucht!)

Ihr Schlechtes liegt jedoch darin, daß sie auf Irrtum und Lüge gegründet ist und folglich die Menschen irreleitet, zum Aberglauben verführt und die wahre Gottesverehrung in ein nichtiges Zeremonienwesen verdirbt. Schlecht ist sie ferner, wenn sie ausschließend und tyrannisch wird und das Volk in dem Grade blutdürstig und unduldsam macht, daß es nur noch Mord und Totschlag atmet und durch Ausrottung aller, die nicht an seine Götter glauben, ein heiliges Werk zu tun glaubt. Dadurch wird ein solches Volk in einen natürlichen Kriegszustand mit allen anderen versetzt, der seiner eigenen Sicherheit höchst gefährlich ist.

Mithin bleibt nur noch die Religion des Menschen oder das Christentum übrig, nicht das jetzige, sondern das des Evangeliums, das davon wesentlich verschieden ist. Durch diese heilige, erhabene, wahre Religion erkennen sich die Menschen, die alle Kinder eines und desselben Gottes sind, als Brüder an, und das Band, das sie vereint, löst sich nicht einmal im Tode.

Da diese Religion jedoch mit dem politischen Körper in gar keiner Beziehung steht, so läßt sie den Gesetzen lediglich die Kraft, die sie aus sich selbst ziehen, ohne ihnen irgendeine neue zu verleihen, und dadurch bleibt eines der wichtigsten Bande jeder besonderen Gesellschaftsform ohne Wirkung. Noch mehr: sie fesselt die Herzen der Bürger nicht an den Staat, sondern wendet sie vielmehr von ihm wie von allen anderen irdischen Dingen ab. Ich kenne nichts, was dem gesellschaftlichen Geiste mehr widerstreitet.

Man sagt uns, daß ein Volk von wahren Christen die vollkommenste Gesellschaft sein würde, die sich denken ließe. Bei dieser Annahme sehe ich nur eine große Schwierigkeit: nach meinem Erachten würde eine Gesellschaft von wahren Christen keine Gesellschaft von Menschen mehr sein.

Ich behaupte sogar, daß eine derartige Gesellschaft trotz aller ihrer Vollkommenheit weder die stärkste noch die dauerhafteste sein würde. Infolge ihrer Vollkommenheit würde ihr das innere Band fehlen; ihre Vollkommenheit selbst würde ihren Untergang herbeiführen.

Jeder würde seine Pflicht erfüllen; das Volk würde den Gesetzen gehorchen, die Oberhäupter würden gerecht und maßvoll, die Beamten sittenrein und unbestechlich sein. Die Soldaten würden den Tod verachten; es gäbe weder

Eitelkeit noch Luxus. Das ist alles höchst vortrefflich, aber sehen wir uns weiter um.

Das Christentum ist eine durchaus geistige Religion, die sich einzig und allein mit himmlischen Dingen beschäftigt; die Heimat des Christen ist nicht von dieser Welt. Er erfüllt seine Pflicht, das ist wahr, aber er tut es mit einer tiefen Gleichgültigkeit gegen den guten oder bösen Ausgang seiner Bestrebungen. Sobald er sich keinen Vorwurf zu machen braucht, so kümmert es ihn wenig, ob hienieden alles gut oder übel geht. Befindet sich der Staat in blühendem Zustande, so hat er kaum den Mut, die allgemeine Glückseligkeit zu genießen; er ist besorgt, auf den Ruhm seines Landes stolz zu werden; geht der Staat zugrunde, so segnet er die Hand Gottes, die schwer auf seinem Volke lastet.

Damit eine solche Gesellschaft in Frieden lebte und ihre Eintracht sich erhielte, müßten sämtliche Bürger ohne Ausnahme gleichgute Christen sein; fände sich indessen unglücklicherweise unter ihnen auch nur ein einziger Ehrgeiziger, ein einziger Heuchler, etwa ein Catilina oder ein Cromwell, so täte er sich gewiß leicht mit seinen frommen Landsleuten. Die christliche Liebe gestattet nicht, sofort Böses von seinem Nächsten zu denken. Sobald er durch irgendeine List die Kunst entdeckt hat, sie hinter das Licht zu führen und einen Teil der Staatsgewalt an sich zu reißen, so hat er seine Würde gesetzmäßig erlangt. Gott will, daß man ihn achte. Nun ist er eine Macht, und Gott will, daß man ihm gehorche. Mißbraucht sie der Träger einer solchen Gewalt, so ist er die Geißel, mit der Gott seine Kinder züchtigt. Man würde sich ein Gewissen daraus machen, den Usurpator zu verjagen; man müßte die öffentliche Ruhe stören, Gewalt anwenden und Blut vergießen, was mit der christlichen Sanftmut schlecht vereinbar ist. Und von dem allem abgesehen: was liegt auch wohl daran, ob man in diesem Jammertale ein freier Mann oder ein Sklave ist? Die Hauptsache ist, ins Himmelreich zu kommen, und dazu ist Entsagung nur ein Mittel mehr.

Entsteht irgendein auswärtiger Krieg, so ziehen die Staatsbürger furchtlos in den Kampf; keiner denkt an Flucht; sie tun ihre Schuldigkeit, aber ohne Leidenschaft für den Sieg; sie verstehen besser zu sterben als zu siegen. Was kommt darauf an, ob sie siegen oder besiegt werden? Weiß die Vorsehung nicht besser als sie, was ihnen not tut? Stelle man sich nun vor, mit welchem Erfolge sich ein stolzer ungestümer und leidenschaftlicher Feind ihren Stoizismus zu Nutzen machen kann! Stellt ihnen jene mutigen Völker gegenüber, die glühende Ruhmbegier und Vaterlandsliebe verzehrt, denkt euch eure christliche Republik im feindlichen Zusammentreffen mit Sparta oder Rom, und die frommen Christen sind geschlagen, vernichtet und zerstreut, ehe sie nur Zeit hätten, zur Besinnung zu kommen, oder sie verdanken ihre Rettung nur der Verachtung, die sie ihrem Feind einflößen. Meines Bedünkens legten die Soldaten des Fabius einen schönen Eid ab; sie schwuren nicht, zu sterben oder zu siegen, sondern als Sieger heimzukehren, und hielten ihren Schwur. Nie hätten Christen einen solchen Eid abgelegt; sie hätten gefürchtet, Gott zu versuchen.

Ich irre mich indessen, wenn ich von einer christlichen Republik rede, jedes dieser beiden Worte schließt das andere aus. Das Christentum predigt nur Knechtschaft und Unterwürfigkeit. Sein Geist ist der Tyrannei zu günstig, als daß sie nicht immer suchen sollte, daraus Gewinn zu ziehen. Die aufrichtigen Christen sind dazu geschaffen, Sklaven zu sein, sie wissen es auch und beunruhigen sich darüber kaum, da dieses kurze Erdenleben einen zu geringen Wert in ihren Augen hat.

Die christlichen Soldaten sollen vortrefflich sein. Ich leugne es; man möge mir erst solche ausgezeichnete Truppen zeigen, denn ich für meine Person kenne wenigstens keine. Man wird mir die Kreuzzüge nennen. Ohne die Tapferkeit der Kreuzfahrer in Abrede zu stellen, will ich nur bemerken, daß sie nicht Christen, sondern vielmehr Soldaten der Priester, Bürger der Kirche waren; sie schlugen sich für deren geistiges Reich, das sie, man weiß nicht wie, in ein weltliches umgewandelt hatten. Recht betrachtet, war es ein Rückfall ins Heidentum; da das Evangelium keine Nationalreligion stiftete, so ist unter Christen jeder heilige Krieg unmöglich.

Unter den heidnischen Kaisern waren die christlichen Soldaten tapfer; alle christlichen Schriftsteller versichern es, und ich glaube es gern; es war ein Wetteifer der Ehre gegen die heidnischen Truppen. Sobald die Kaiser Christen geworden waren, hörte dieser Wetteifer auf, und als erst das Kreuz den Adler verdrängt hatte, war es mit der römischen Tapferkeit für immer zu Ende.

Lassen wir jedoch die politischen Betrachtungen beiseite und kommen wir auf das Recht zurück, um die Grundsätze in einer so wichtigen Angelegenheit festzustellen. Das Recht, das der Gesellschaftsvertrag dem Staatsoberhaupte über die Untertanen gibt, erstreckt sich, wie gesagt, nicht über die Grenzen des Gemeinwohles hinaus. Die Untertanen sind dem Staatsoberhaupte mithin nur insoweit Rechenschaft über ihre Ansichten schuldig, als sich dieselben auf das Gemeinwesen beziehen. Für den Staat ist es allerdings von großer Wichtigkeit, daß sich ein jeder Bürger zu einer Religion bekennt, die ihn seine Pflichten liebgewinnen läßt. Die Glaubenssätze dieser Religion gehen dagegen den Staat und dessen Glieder nur insofern etwas an, als sie die Moral und die Pflichten betreffen, die der Gläubige gegen andere zu erfüllen hat. Sonst kann jeder glauben, was er will, ohne daß dem Staatsoberhaupte das Recht zusteht, sich danach zu erkundigen, denn da er in der andern Welt keine Befugnis hat, so braucht er sich um das Los seiner Untertanen in dem zukünftigen Leben nicht zu kümmern, wenn sie nur in dem irdischen gute Bürger sind.

Es gibt demnach ein rein bürgerliches Glaubensbekenntnis, und die Festsetzung seiner Artikel ist lediglich Sache des Staatsoberhauptes. Es handelt sich hierbei also nicht eigentlich um Religionslehren, sondern um allgemeine Ansichten, ohne deren Befolgung man weder ein guter Bürger noch ein treuer Untertan sein kann. Ohne jemand zwingen zu können, sie zu glauben, darf der Staat jeden, der sie nicht glaubt, verbannen, zwar nicht als einen Gottlosen, wohl aber als einen, der den Gesellschaftsvertrag verletzt, der unfähig ist, Gesetze und Gerechtigkeit aufrichtig zu lieben und im Notfalle sein Leben seiner Pflicht zu opfern. Sobald sich jemand nach öffentlicher Anerkennung dieser bürgerlichen Glaubensartikel doch als Ungläubiger aufführt, verdient er den Tod; er hat das größte aller Verbrechen begangen, er hat vor den Gesetzen falsch geschworen.

Die Dogmen der bürgerlichen Religion müssen einfach, gering an Zahl und bestimmt ausgedrückt sein und keiner Auslegungen und Erklärungen bedürfen. Das Dasein einer allmächtigen, weisen, wohltätigen Gottheit, einer alles umfassenden Vorsehung; ein zukünftiges Leben, die Belohnung der Gerechten und Bestrafung der Gottlosen, die Heiligkeit des Gesellschaftsvertrages und der Gesetze, das sind die positiven Glaubenssätze. Was die negativen anlangt, so beschränke ich sie auf einen einzigen, die Unduldsamkeit. Sie ist eine Eigentümlichkeit der von uns verworfenen Religionsformen.

Wer die bürgerliche und kirchliche Unduldsamkeit voneinander unterscheidet, irrt sich meiner Ansicht nach. Beide sind unzertrennlich. Es ist unmöglich, mit Leuten, die man für verdammt hält, in Frieden zu leben; sie lieben hieße Gott hassen, der sie bestraft. Es bleibt keine andere Wahl, als sie zu bekehren oder zu peinigen. Überall, wo kirchliche Unduldsamkeit herrscht, muß sie notwendigerweise auf die bürgerlichen Verhältnisse Einfluß ausüben“, und sobald sie den gewonnen hat, ist das Staatsoberhaupt nicht mehr Staatsoberhaupt, nicht einmal im Weltlichen; von dem Augenblick an sind die Priester die wahren Herren, und die Könige nur noch ihre Diener.

In der Gegenwart, wo es keine ausschließliche Nationalreligion mehr gibt noch geben kann, muß man alle Religionen dulden, die die anderen dulden, sobald ihre Dogmen den staatsbürgerlichen Pflichten nicht widerstreiten. Wer sich aber zu sagen erdreistet: außer der Kirche gibt es kein Heil, der muß aus dem Staate verwiesen werden, wofern nicht der Staat die Kirche, und der Fürst der Hohepriester wäre. Ein solches Dogma steht nur mit einer theokratischen Verfassung im Einklang; in jeder andern ist es verderblich. Der Grund, aus dem Heinrich IV. zur katholischen Kirche übergetreten sein soll, müßte jeden anständigen Mann und namentlich jeden denkenden Fürsten zum Austritt aus ihr bestimmen.

9. Kapitel

Schluß

Nachdem ich die wahren Grundsätze des Staatsrechts festgestellt und mich bemüht habe, dem Staate durch sie eine feste Grundlage zu geben, würde nur noch übrigbleiben, ihn durch seine äußeren Beziehungen zu stützen, was jedoch ein Eingehen auf das Völkerrecht, den Handel, das Kriegs- und Eroberungsrecht, das öffentliche Recht, auf Bündnisse, Unterhandlungen, Verträge usw. erfordern würde. Allein dies alles bildet ein neues, für meinen beschränkten Blick zu weites Feld; ich hätte ihn überhaupt nicht so weit hinausrichten sollen.